高齢者ケアにおける
スーパービジョン実践

スーパーバイジー・スーパーバイザーの
育成のために

編著
●
野村豊子・汲田千賀子・照井孫久

株式会社　ワールドプランニング

はじめに

　高齢者ケアの現場では，いうまでもなく価値と知識に裏づけされた適切な最良の方法でケアを展開することが求められている．高齢者施設に入居する高齢者の多くに認知症の症状がみられるなかで，身体ケアに加えて重度の認知症の症状を有する高齢者も顕著になっている．介護老人福祉施設は，今後，ますます要介護度の高い高齢者の生活の場としての機能を果たすことになる．さらに，多くの高齢者施設が人生の最期を支えていく施設として機能している昨今，私たちに問われているのは単にケア技術ではなく，ケア現場で生じたさまざまな課題への判断とその葛藤を直視し，どのように高齢者の暮らしや人生および生き方と向き合っているのかという自らのなかで湧き起こる気持ちや想いへの内省・省察に及ぶ．この幅広い内省や省察を中心に据えた援助実践は，リフレクティブプラクティスとして，改めて価値，知識，技術の総合的な振り返りを重視する援助の在り方を示しており，各国のケア・援助実践の違いを超えて，1 つの基本的な潮流を作り出している．このようなリフレクティブプラクティスを保証する方法として，スーパービジョン（以下，SV と略）は位置づけられる．

　本書を刊行する経緯は 5 年前に遡り，日本福祉大学スーパービジョン研究センター（田中千枝子研究所長）における成果の一部としてまとめられたものである．リフレクティブプラクティスを基に，重層的かつ複層的な SV の姿を多領域にわたり提示することを目的とした研究センターの 5 年間の活動は，SV の現状と課題に関して実践・教育・研究の総括的な成果を示すことに寄与している．この間，交わされた活発な議論と，多大な協力により本書をまとめることができた．改めて田中千枝子先生をはじめ研究センターの先生方，現場実践者の方々に深く感謝申し上げる．

　本書は，人材養成のために SV を導入していきたいと考えている高齢者ケアの中核を担うリーダーの方々に向けて書かれ，7 つの章より構成されている．高齢者ケアにおける SV 実践をスーパーバイジーとスーパーバイザー両者の成長を促す役割として位置づけている．実際に高齢者ケアの現場で起きている課題に対して，SV の理論的な考え方も踏まえたうえで，SV がどのように展開されるのかをていねいにダイアログ（対話）を含めて説明している．また，施設ケアだけにとどまらず，在宅ケアに従事する職員への SV についても取り上げた．

序章では，わが国における認知症ケアにおける SV の現状と課題について概観し，第1章では SV の基礎的理解について　歴史的変遷，意義と機能，新しい展開と英国におけるモリソンの4×4×4モデルの提示，SV の形態と種類，スーパーバイジー・スーパーバイザーの関係性および，全体の過程に加えて，SV 実施上の留意点について言及している．

　第2章と第3章は，複数の調査結果の分析をもとに論述している．はじめに第2章では，認知症ケアにおけるリーダー層の SV に関する意識と課題に関する調査結果の分析と考察を基に，リーダー層に求められるスーパーバイザーとしての役割，リーダー層の SV に関する現状と課題，認知症ケアスーパービジョンの評価について述べ，今後の認知症ケアにおけるリーダー層による SV の可能性について示している．次に第3章では，在宅生活を支援するケアマネジャーの SV 実践に関する複数の調査の結果と分析からケアマネジメント・SV 実践の現状，今回の研究により作成された評価モデルを述べ，ケアマネジメントにおける SV の複層的課題を提示している．

　第4章，第5章，第6章では，認知症ケアにおけるスーパーバイザーへの SV に関する実践の諸方法を多側面から提示している．第4章においては，継続的に行われたスーパーバイザーへの SV の枠組みと実際に関して，認知症ケアの実践場面の特徴とスーパービジョン関係，事例を SV として展開する視点，他者の SV を観察することによる学びについて詳述している．引き続く第5章では，スーパーバイザーを支える仕組みとその成果に関して，高齢者ケア現場における SV の実際，スーパーバイジーが実践場面に立つときの意識変化，SV を受けたことによる自らの課題への気づき，スーパーバイザーが SV を継続的に受ける意味，スーパーバイザーを経験したことによる自らの SV への影響が体験を基にリアルに語られている．さらに，第6章では，高齢者施設ケアにおける SV 実践場面を具体的に示している．個人 SV の事例として，小規模施設で働くバーンアウトしそうな職員への SV，および介護職が向いていないのではないかと悩む新人職員への SV の2事例が挙げられている．また，グループスーパービジョンの事例として，「介護拒否」といわれる高齢者のケアをめぐる SV，認知症の人自身の暮らし方への尊重とケアのあり方をめぐる職員の葛藤に対する SV の2事例が挙げられている．

　その他，本書では SV の周辺で着目されているいくつかの論題をコラムとして取り上げている．以上のように，本書は理論と実践の交錯する SV の生の姿の提示を試みており，実際に活用した各種のチェックリストや書式，シート類および調査票を巻末に資料として加えている．

　読者の方には，理論を述べている章，調査結果の分析の章，実践の詳述された章

等，ご関心の高いところから読み進めていただければと思う．高齢者ケアにおいて，スーパーバイジーとスーパーバイザーの双方にとって成長の糧となる SV の文化を築く一助になれば著者全員の望外の喜びである．

2019 年 6 月

編者一同

執筆者一覧 (五十音順)

神谷　真理（株式会社 さちコーポレーション）　第5章第I節

汲田千賀子（同朋大学）　序章・第4章・第5章　第6章

城山いづみ（アサヒケアサービス 株式会社）　第5章I節

照井　孫久（石巻専修大学）　第3章・あとがき

中村　裕子（認知症介護研究・研修大府センター）　第2章

西村　優子（社会福祉法人 グループリガーレ）　第5章第I節

野村　豊子（日本福祉大学大学院）　はじめに・第1章・第3章第I節

引野　好裕（社会福祉法人 成光苑）　第5章第I節

福井　梨恵（社会福祉法人 恭生会）　第5章第I節

本山潤一郎（医療法人 耕仁会）　第3章第I節

山口　友佑（認知症介護研究・研修大府センター）　第2章

山口　喜樹（認知症介護研究・研修大府センター）　第2章

COLUMN・用語解説

牛田　稔一（医療法人財団 北聖会）　COLUMN‑1, 9

汲田千賀子（同朋大学）　COLUMN‑7

照井　孫久（石巻専修大学）　COLUMN‑8, 10

野村　彩（国立歴史民俗博物館）　COLUMN‑2, 3, 4

野村　豊子（日本福祉大学大学院）　COLUMN‑5, 6

もくじ

はじめに ……………………………………………………………………… 3

執筆者一覧 ………………………………………………………………… 6

序章　わが国の認知症ケアにおけるスーパービジョンの現状と課題 ……… 13

Ⅰ．認知症ケアをめぐる今日的状況 ……………………………………… 15

　　1．ケア現場で起きる職員のもつ感情 ……………………………… 15

　　2．ケアと感情 ……………………………………………………… 15

　　3．多様な職員によって構成される職場環境 ……………………… 16

Ⅱ．人材育成とケアの質向上におけるスーパービジョンの位置づけ …… 18

Ⅲ．人材育成におけるスーパービジョンへの期待 …………………… 22

　　1．介護職のリーダーに求められる人材像 ……………………… 22

　　2．スーパービジョン実践への助走 ……………………………… 23

第1章　スーパービジョンの基礎的理解 …………………………………… 31

Ⅰ．スーパービジョンの歴史的変遷 ……………………………………… 33

　　1．スーパービジョンの語源 ……………………………………… 33

　　2．対人援助職の分野を越えて共有されるスーパービジョンの重要性 ……… 33

　　3．ソーシャルワーク分野におけるスーパービジョンの歴史的展開 ……… 34

Ⅱ．スーパービジョンの意義と機能 ……………………………………… 36

Ⅲ．スーパービジョンの新しい展開とモリソンの4×4×4モデル ……… 38

　　1．スーパービジョンの新しい展開 ……………………………… 38

　　2．4×4×4モデルの概要 ………………………………………… 39

　　3．スーパービジョンの役割 ……………………………………… 42

Ⅳ．スーパービジョンの形態と種類 ……………………………………… 45

Ⅴ．スーパーバイジー・スーパーバイザーの関係性 …………………… 46

　　1．パラレルな関係性 ……………………………………………… 46

　　2．スーパービジョン関係における権威性 ……………………… 47

　　3．スーパーバイザーの傾向と方法 ……………………………… 47

Ⅵ．スーパービジョンの過程 ……………………………………………… 49

Ⅶ．スーパービジョン実施上の留意点 …………………………………… 51

第2章　認知症ケアにおけるリーダー層のスーパービジョンに関する
　　　　意識と課題 ……………………………………………………… 63
　Ⅰ．リーダー層に求められるスーパーバイザーの役割 ………………… 65
　Ⅱ．認知症ケアにおけるリーダー層のスーパービジョンに関する現状 …… 66
　Ⅲ．認知症ケアにおけるスーパービジョンの課題 ……………………… 67
　　1．スーパーバイザーの立場とおもなスーパーバイジーについて …… 67
　　2．スーパービジョンの取り組み状況について ……………………… 68
　　3．スーパービジョンの実施上の課題 ………………………………… 68
　Ⅳ．認知症ケアスーパービジョンの評価 ………………………………… 74
　　1．認知症ケアの評価とスーパービジョンとの関係 ………………… 74
　　2．スーパーバイザーの立ち位置と自己評価 ………………………… 74
　　3．スーパーバイザーからみるスーパーバイジーの傾向 …………… 75
　Ⅴ．認知症ケアにおけるリーダー層によるスーパービジョンの可能性 …… 81
　　1．認知症ケアスーパービジョンにおけるリーダー層への期待 …… 81
　　2．認知症ケアスーパービジョンにおけるリーダー層の役割 ……… 82

第3章　在宅生活を支援する介護支援専門員のスーパービジョン実態 …… 91
　Ⅰ．ケアマネジメント・スーパービジョンの実践の現状 ……………… 93
　　1．ケアマネジメント・スーパービジョンの環境 …………………… 93
　　　1）スーパーバイザーの課題 ……………………………………… 94
　　　2）ケアマネジャー（スーパーバイジー）の課題 ……………… 94
　　　3）地域の課題 ……………………………………………………… 95
　　　4）互いに助け合える環境の必要性 ……………………………… 95
　　　5）関係性の構築の必要性 ………………………………………… 95
　　　6）スーパービジョンの意義と理解の深化 ……………………… 96
　　2．スーパービジョンの課題を探るグループ討議 …………………… 96
　　3．ケアマネジメント・スーパービジョンにおける実践上の課題 …… 97
　　4．ケアマネジメント・スーパービジョンの課題への対応 ………… 97
　　　1）スーパービジョン実践事例 …………………………………… 97
　　　2）事例の課題分析と対応の可能性 ……………………………… 99
　Ⅱ．ケアマネジメント・スーパービジョンの評価モデル ……………… 105
　　1．ケアマネジメント・スーパービジョンの全体像 ………………… 105
　　　1）スーパービジョン実践状況 …………………………………… 107
　　　2）スーパーバイジーが抱える課題 ……………………………… 110
　　　3）スーパーバイザーが抱える課題 ……………………………… 114
　　　4）スーパービジョン環境の課題 ………………………………… 115

2．スーパービジョンモデルの要素間の関係 ……………………………………… 116
　　　1）スーパーバイジーの課題とスーパービジョン実践および
　　　　　スーパービジョン環境＜A・B＞ ……………………………………………… 117
　　　2）スーパーバイザーの課題とスーパーバイジーの課題および
　　　　　スーパービジョン実践＜C・D＞ ……………………………………………… 118
　　　3）スーパービジョン実践状況とスーパービジョン実践状況の課題＜E＞ ……… 119
　　　4）スーパービジョン環境の課題とスーパーバイザーの課題 ………………… 120
　Ⅲ．ケアマネジメント・スーパービジョンにおける重複的な課題 ……………… 121
　　1．ケアマネジメントの目的と理念に関わる課題 …………………………………… 121
　　2．ケアマネジメントにおける個別援助技術の問題 ………………………………… 122
　　3．関係者との連携 ……………………………………………………………………… 123
　　4．ケアマネジャーを取り巻く職場環境 …………………………………………… 123
　　5．スーパーバイジーの姿勢や意識の課題 ………………………………………… 124
　　6．スーパーバイザー自身の問題 …………………………………………………… 125
　　7．スーパービジョンの記録のあり方 ……………………………………………… 126
　　8．スーパービジョン実践に関連する評価のあり方 ……………………………… 126

第4章　認知症ケアにおけるスーパーバイザーへのスーパービジョン
　　　　枠組みと実際 ………………………………………………………………… 141
　Ⅰ．認知症ケアの実践場面の特徴とスーパービジョンの関係 ……………………… 143
　　1．認知症ケアの実践場面の特徴 …………………………………………………… 143
　　2．スーパービジョン関係を可能にする組織形態 ………………………………… 144
　　　1）スーパーバイザーとスーパーバイジーの関係性 …………………………… 144
　　　2）職場内のスーパービジョンの取組みの状況 ………………………………… 144
　　　3）スーパーバイザーを支援する必要性 ………………………………………… 145
　　3．認知症ケア現場の複層的スーパービジョンとは：小規模事業所での課題 …… 147
　Ⅱ．事例をスーパービジョンとして展開する視点 …………………………………… 149
　　1．認知症ケアのスーパービジョン事例 …………………………………………… 149
　　　1）認知症ケアのスーパービジョン研究会の概要 ……………………………… 149
　　　2）スーパービジョン研究会の参加者と実施回数 ……………………………… 149
　　　3）スーパービジョンの内容 ……………………………………………………… 149
　Ⅲ．スーパービジョンの複層性を担保する仕組みの必要性 ……………………… 155

第5章　スーパーバイザーを支える仕組みとその成果 ……………………………… 163
　Ⅰ．高齢者ケア現場のスーパーバイザーの実際 …………………………………… 165
　　1．複数法人へのスーパービジョン体制 …………………………………………… 165

1）複数の法人のスーパーバイザーを担う ………………………………………… 165

　　2）複数の法人のスーパーバイザーとして定期的にスーパービジョンを行う …… 166

　2．施設内のスーパーバイザーが機能する仕組み ………………………………… 168

　　1）特別養護老人ホームにおける施設内スーパービジョン ……………………… 168

　　2）複数の事業所のスーパーバイザーとしてケアの質の向上に挑む …………… 168

　　3）小規模の法人で行うスーパービジョン ………………………………………… 170

　3．スーパービジョン実践における組織形態の多様性 …………………………… 171

Ⅱ．スーパーバイザーがスーパービジョンを継続的に受ける意味 ………………… 172

　1．客観化して考える時間をもつことができる …………………………………… 172

　　1）言語化すること ………………………………………………………………… 172

　　2）他者と共有しながら振り返ること …………………………………………… 173

　　3）立場を変えてロールプレイを行うこと ……………………………………… 173

　2．スーパーバイジーの感覚を学ぶ ………………………………………………… 174

　　1）感情と向き合う ………………………………………………………………… 174

　　2）視点を変えること ……………………………………………………………… 174

　　3）自分にスーパーバイザーがいるという安心感 ……………………………… 175

　3．自分自身の課題を意識し向き合う ……………………………………………… 175

　　1）スーパービジョンを受けることによって自らのスーパービジョンを
　　　　振り返る ………………………………………………………………………… 175

Ⅲ．スーパーバイザーがスーパービジョンを受けたことによる実践への波及 ……… 177

　1．スーパーバイジーを支える視点の醸成 ………………………………………… 177

　　1）成功体験を共有する …………………………………………………………… 177

　　2）自分が感じていた不安をバイジーが感じないようにする ………………… 177

　　3）共に歩むという姿勢 …………………………………………………………… 177

　2．答えを待つ集団から考える主体となる ………………………………………… 178

　3．役割認識をはっきりと理解できるようになる ………………………………… 179

　4．ケアの方向性を確認することができる ………………………………………… 179

　5．組織や体制に対する改善点の気づき …………………………………………… 180

　6．仕事へのモチベーションの向上 ………………………………………………… 180

Ⅳ．スーパーバイジーを経験したことによるスーパービジョンへの影響 ………… 182

　1．スーパービジョンの事例の概要 ………………………………………………… 182

　　1）スーパーバイザーの発言の意図を探る ……………………………………… 183

　　2）スーパーバイザーといっしょにスーパービジョン場面を再現してみる …… 185

　2．セッションを振り返る …………………………………………………………… 187

　　1）電話をかけてくるＢさん役をしてみてどのように感じたか ……………… 187

　3．スーパービジョン事例提供者の学び …………………………………………… 188

4．オブザーバー参加者の学び ……………………………………… 189

5．感情とスーパービジョン ………………………………………… 190

第6章　高齢者施設ケアにおけるスーパービジョン実践場面 ………… 193

Ⅰ．個人スーパービジョン事例 ………………………………………… 195

1．小規模施設で働くバーンアウトしそうな職員へのスーパービジョン ……………… 195

2．介護職が向いていないのではないかと悩む新人職員へのスーパービジョン … 199

Ⅱ．グループスーパービジョン実践現場 ……………………………… 204

1．限られた職員しか介護させてもらえず，「介護拒否」といわれる高齢者の
ケアをめぐるスーパービジョン ………………………………… 204

2．認知症の人の暮らし方を管理すべきなのか，普通の暮らしをめぐる職員
の葛藤に対するグループスーパービジョン ………………………… 209

おわりに ……………………………………………………………… 217

索引 …………………………………………………………………… 219

27	COLUMN-1：OJT
53	COLUMN-2～4：スーパービジョンを辞書から紐解く
	その1　スーパーバイザーを superviser ではなく supervisor と綴る背景　（54）
	その2　見出し語としての推移から辿る supervisor　（56）
	その3　supervise の語源にみる時間的・空間的な拡がり　（58）
60	COLUMN-5：スーパービジョンの6W1H
62	COLUMN-6：高齢者の尊厳とスーパービジョンにおけるパラレル関係
90	COLUMN-7：デンマークのデリバリースーパービジョン
136	COLUMN-8：リスクマネジメントの視点
138	COLUMN-9：支援すること
161	COLUMN-10：レジリエンス
85	「認知症介護指導者におけるスーパービジョンに関するアンケート調査」
131	「主任介護支援専門員のスーパービジョン自己評価（簡易版）」
133	「主任介護支援専門員のスーパービジョンの課題（簡易版）」
134	「スーパーバイジーが抱える課題チェックリスト」
135	「スーパービジョン環境の課題チェックリスト」
157	「スーパービジョンの振り返り」
158	「スーパービジョンの観察シート」
160	「スーパービジョンの振り返りシート」

序章

わが国の認知症ケアにおける スーパービジョンの現状と課題

認知症ケアをめぐる今日的状況

1. ケア現場で起きる職員のもつ感情

　2014年,有料老人ホームにおいて入居者3名が相次いでベランダから転落するという事故が起きた.当初,事故として処理されたが,のちにこの施設に勤務する元職員による犯行と判明した.同施設では,別の職員による認知症高齢者への暴行も明らかとなっており,懲役8か月執行猶予3年（求刑懲役1年）が言い渡された.具体的に明らかになった暴行は,認知症の入居者が入れ歯を入れるのを拒んだり,文句をいわれたことを理由に居室内で女性の頭を手のひらでたたき,首をつかんだりしたというものだった.この職員は,新人で仕事の習熟度が低く,分刻みで行うルーティンワークのなかで時間的な余裕も,精神的な余裕もない状況だったと報道された.先に述べた,入居者が転落死した事件で逮捕された元職員も15分ごとにすべき作業が定められている業務にストレスを感じていたという.また,入居者に手がかかることが煩わしいと思っていたとのことであった.同じ施設で起きた2つの事件は,共にケアの方法がわからず不適切な対応をした結果,事故につながったというものではなく,職員の思いどおりにならない入居者への苛立ちや業務への不満が入居者へと向かったのだと推察される.

　ケアの現場では,重度化する高齢者や増加する認知症高齢者へ対応するべく,病気や障害の知識とケア技術の習得を目的とした研修会や勉強会を定期的に行っている.また,新入職員に対しては,ケア技術の習得と業務理解のために研修やOJT (On-job-Training；業務内の教育訓練) が行われている.しかしながら,前述したような事件は,ケアする職員に知識と技術が備わったとしても起きてしまう可能性が十分にある.高齢者が職員の思いどおりにならないという苛立ちは,やがて虐待となって現れる.ケアという行為には,ケアする側の感情が必ず付随しており,時として思いどおりにいかない苛立ちがコントロールできず,入居者に向かってしまうこともある.

2. ケアと感情

　ケアという職業は「感情労働」といわれている.「感情労働」という概念は,ホッ

クシールド（1983；石川・室伏訳 2000）が飛行機の客室乗務員に対するフィールドワークによって導き出されたもので，どのような乗客であっても笑顔で優しく接し，乗客の期待にこたえるために感情をコントロールすることを指す．ホックシールドは，そこから，「自分の感情を誘発したり，抑圧したりしながら，相手のなかに適切な精神状態を作り出すために，自分の外観を維持する労働」と定義した．これは，肉体労働の対概念としてとらえられている．また，感情労働が求められる職業として，①対面あるいは声による顧客との接触が不可欠であり，②相手のなかに何らかの感情変化—感謝の念や恐怖心等を起こさせること，③研修や管理体制を通じて労働者の感情活動をある程度支配することがあげられている．

　高齢者ケアの現場では，価値と知識に裏づけされた適切な方法で展開することが求められている．高齢者施設に入居する高齢者の多くに認知症の症状がみられるなかで，身体ケアのみならず重度の認知症の症状を有する高齢者も顕著になっている．特別養護老人ホームでは，原則要介護3以上が入所条件となり，ますます要介護度の高い高齢者の生活場所としての機能を果たしはじめている．さらに，多くの高齢者施設が人生の最期を支えていく施設として機能している昨今，私たちに問われているのは，ケア技術ではなく，どのように高齢者と向き合ったのかという自らに湧き起こった気持ちや想いにまで及ぶのである．

3．多様な職員によって構成される職場環境

　高齢者ケアの現場では，異なる経歴をもった職員が働いているだけではなく，その職種や資格もさまざまである．また，介護保険導入以降の施設における生活単位を小さくしたユニット化や地域密着型サービスの増加は，同じ時間帯にいっしょに働く職員が少数になるという新たな課題を生み，職員1人で判断しなければならない場面も増えてきた．そのような状況下で，自らのケアがこれでよかったのか，ほかに方法があったのではないかと考えながら日々の業務を行っているのではないだろうか．ケア現場で生じたさまざまな課題への判断とその葛藤は，どのように捉え内省することができるのだろうか．社会福祉士および介護福祉士法の成立によって，介護を生業とする専門職としての「介護福祉士」が国家資格化された．これまで数度の制度改正を重ねて，現在では医療行為の一部を担うこともできるようになるなど，医療依存度の高い高齢者への対応もできるようになった．このことは，ケアの場面でさまざまな判断を伴うだけでなく，日常生活上で高齢者との意思疎通が必ずしもうまくできるとは限らないことを意味する．

　いま，福祉専門職が自らの行動やクライエントである要介護高齢者との関わりで

感じた感情などを振り返り，内省することを通して専門性の向上を目指し，質のよいケアを提供するためにスーパービジョン（以下，SV と略）が求められている．しかしながら，実際にはわが国における福祉現場に共通する深刻な問題の 1 つは SV の不備や未整備という指摘もある．現在のところ，介護福祉士養成課程で提示さているカリキュラムにおいて SV について学ぶ項目はない．すなわち，実践場面では SV の必要性が問われているものの，卒後教育に託されているのが現状といえる．

Ⅱ 人材育成とケアの質向上における スーパービジョンの位置づけ

　認知症ケアは，高齢者介護全般のなかでも，より高度な専門性を要求されている．このことは，厚生労働省私的研究会「2015 年の高齢者介護」や 2012 年厚生労働省認知症施策検討プロジェクトチーム「今後の認知症施策の方向性について」の報告でも述べられており，研修制度の充実などが課題に掲げられているところである．

　厚生労働省は，全国に日常生活自立度Ⅱ以上の高齢者が 280 万人と発表し，そのうち施設サービス利用者は 77 万人にのぼると報告している[i]．入所施設サービスを利用している高齢者のうち約 90％に何らかの認知症の症状がみられる[ii]なかで，認知症介護はもはや特別なものではなく，高齢者介護の中核をなすものといっても過言ではない（厚生労働省：2010）．そのため，「2015 年の高齢者介護」では認知症介護を"ケアの標準"とすることを謳ってきた．認知症ケアを専門とする「認知症対応型共同生活介護」（以下，グループホームと記す）の事業所数も 13,346 か所（2017 年 10 月現在）[iii]となり，課題はサービスの量から質へと変化している．

　高齢者施設のケアの質向上の取り組みとしてこれまで施設で行われてきたものは，大きく 4 つに分類することができる．

　1 つ目は施設整備，施設運営指針といった全国統一の方針を国が提示してきたことである．とくに，老人福祉法制定後の特別養護老人ホームなどの設置にあたっては，全国どこでも提供されるサービスの種類や回数などの頻度に差異がないように設置基準を定め，スタンダードをつくってきた．

　2 つ目は介護福祉士などの専門職員の養成と配置を行ってきたことである．1987 年に国家資格として介護福祉士が誕生し，以後多くの専門職を輩出してきた．しかしながら，資格制度を確立してきた一方で，現在のケア現場における職員構成は必ずしも介護福祉士だけではない．介護保険サービス上の入所施設に勤務する 2,587 人の労働者のうち，介護福祉士の資格を保持しているものが 57.2％，ホームヘルパー 2 級が 40％，介護職員基礎研修を修了しているものが 2.4％，資格なしが 5.3％という結果が報告されている．また，このうち介護福祉士の資格をもたない者に今後の受験予定について尋ねた項では，「はい」と回答したのが 24.6％，「いいえ」と回答したのが 73.3％であった（介護労働安定センター：2011）．このことからも，今後も介護福祉士だけではなく多様な人材が雇用されていく状況は変わらず，職員が受け

てきた基礎教育に差異が生じ続けることが予想される．このような状況のなか，2000年には認知症ケアに関して都道府県単位でその研修が制度化されてきた．認知症介護実践者研修，認知症介護実践リーダー研修は，職種や資格による受講要件を設定せず，認知症介護に携わっていることを条件として受講できる研修として幅広い層を対象とした現任教育という点に特徴がある．

3つ目は，福祉サービスの第三者評価事業をはじめとする質の評価の制度化である．介護保険制度が導入されて以降，介護サービス情報の公開制度，第三者評価，苦情処理が制度化され，これまでの監査と同様にケアの質担保に向けたシステムがその一翼を担っている．グループホームでは，第三者評価事業を義務化しており，認知機能が低下し自らニーズや要求を訴えることが難しくなる認知症高齢者が，適切なケアを受けられているかを第三者が確認する仕組みが取り入れられている．

しかし，第三者評価は，「最適基準を目標とした，ケア提供者の自主的な取り組みに基づく評価である」（永田2009：51）ことから，提供者側の意識に大いに左右されることになる．また，苦情解決は，介護サービスを提供する側の自主改善努力を促すことによって質向上を目指す仕組みであり，権利擁護の立場から利用者の保護，提供されていたサービスの質の維持・向上するためのサービスの質を確認するものである．よって，サービスの質を改善するための指導や助言などが行われ，裁断的な判断は行われない．両者は，当事者の自主性，あるいは，自主的努力に委ねるソフトな手法である（永田：2009：62）．このように，いずれもサービス提供者側の意識が大いに影響するため，質向上の要とは必ずしも言い難い．

4つ目は，施設内外で行われる研修，委員会活動，自主グループでの勉強会の開催といった独自の活動などである．事業所によっては，フロアごとに取り組む課題を定め，実践研究を行い施設内外で報告をしている所もある．近年では，認知症専門ケア加算の算定条件として，認知症介護実践リーダー研修修了者，または認知症介護指導者の在籍する施設がその対象[iv]となったことから，これらの研修ニーズも高まってきている．また，ケア現場で活用できるツールの開発も進んでおり，「センター方式」[v]や「ひもときシート」[vi]といったケア職員の視点を変えて認知症高齢者を理解し，日々の介護に活かしていくために取り入れられ，多くのケア現場で利用されている．さらに，認知機能が低下している高齢者とのコミュニケーションやニーズを把握する方法として「バリデーション」[a]や「タクティールケア」[b]という方法も導入され国内での研修会も積極的に行われている．認知症の人を中心に考える「パーソン・センタード・ケア」[c]の理念をもとに考案された「認知症ケアマッピング」[d]では，施設に入居している認知症高齢者の状況を6時間連続記録し，どのようなケアを受けているのか，本人の状態はどうであるのかの概略をつかむことがで

きる方法として注目されている．

　社会福祉法第 89 条第 1 項の規程で策定された「社会福祉事業に従事する者の確保を図るための措置に関する基本的な指針」（「福祉人材指針」1993 年 4 月 14 日，厚生省告示第 116 号）の第二項二では，「（職員の）資質向上」が謳われており，「OJT」「OFF-JT」「SDS (Self-development-system)」の必要性が述べられている．福祉職員研修テキスト（2011：92）では，「3 つを相互補完的に位置づけて総合的に推進していくこと」が重要だと述べている．また同書（2011：95）では，OJT の基本定義を「上司や先輩が，部下や後輩に対して，職務を通じて，職務に必要な態度・価値観，知識・情報，技術・技能等を指導育成するすべての活動」としており，OJT が福祉現場での質向上のいちばんの要と位置づけている．介護分野では，法人による人材育成は重要でないとの誤解も少なくない．しかし，社会的資格を保有していても，継続的な能力開発が不可欠である．社会的資格は，仕事に求められる職業能力の最低水準の開発可能性を担保するものであり，その可能性を具体的にするためには職業能力の開発が必要となる（佐藤：2008）．

　実際には，特別養護老人ホーム（以下，特養と記す）などの大規模な事業所では，職員数も多いため定期的な研修が可能であり，なおかつ職場を離れての集合研修 (OFF-JT) などへの参加が容易であることが多い．一方で，グループホームなど職員数が少ない事業所では組織的，定期的にそれらを行っていくことが難しい現状もある．しかし，介護職員初任者研修を受講した者，あるいはまったく教育・訓練を受けていない職員が勤務しているのが実状であり，事業所の規模によっては研修会開催や参加状況に差異がある．これらのことから，人材育成に向けたこれまでにない方法が必要

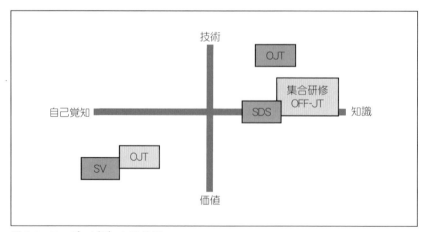

図 0-1．スーパービジョンの位置

になっていることも確かである．とくに，ケア現場で起こることに対して，総合的にサポートする人材が必要となっており，スーパーバイザーへの期待が大きい．

　しかしながら，事業所内でこのような人材を確保していくことはきわめて難しい状況である．SV は，即戦力となる人材養成に向く OJT と比較すると対照的である．それは，どちらかといえば価値や自己覚知について内省することによって気づくというプロセスを辿るためである（図0-1）．しかし，OJT，OFF-JT とともに SV もまた，専門職を養成していくためには重要である．

【用語解説】
a)「バリデーション」は，ナオミ・フェイルによって開発された認知症高齢者とコミュニケーションを行うためのセラピーの１つで，アメリカ，カナダ，ヨーロッパなど 7,000 を超える施設で活用されている．バリデーションは，尊厳と共感をもって関わることによって自己の内部への閉じこもりに陥らないようにする方法である．（Naomi Feil:2002）

b)「タクティールケア」は，スウェーデンで確立された認知症のコミュニケーション・ツールである．症状のコントロールの具体的な手法として用いられている．タクティールケアの目的は，触れることによって相手が穏やかな気持ちや安心感をもつことだといわれている．（タクティールケア普及を考える会：2008）

c)「パーソン・センター・ド・ケア」英国・ブラッドフォード大学の故トム・キットウッド氏によって提唱された認知症ケアの理念の１つである．氏によれば，認知症をもつ人へのケアの目的は"パーソンフッド（personhood）"を維持することといわれている．パーソンフッドとは，１人の人として受け入れられ，周囲や社会との関わりをもち，尊重され，そのことを実感できることである．（村田康子ほか：2010）

d)「Dementia Care Mapping（DCM）」は，専門的にケアを提供する場所のケアの質を評価する方法である．共感と観察技法を組み合わせて，認知症の人の立場に立つという画期的な方法に基づいている（トム・キットウッド：2005）．DCM 評価者は，マッパーと呼ばれ，世界で 8,000 人以上，日本でも 500 人近くに及ぶ．DCM では，マッパーは認知症の人たち５名前後について，施設の共有スペースにおいて６時間以上連続して，行動観察・記録を行い，５分間ごとにどのような行動に携わっているかをコード付けし，よい状態，きわめてよくない状態の６段階で記録する．（村田康子ほか：2010）

人材育成におけるスーパービジョンへの期待

1．介護職のリーダーに求められる人材像

　2017年10月4日に社会保障審議会福祉部会福祉人材確保専門委員会から報告された「介護人材に求められる機能の明確化とキャリアパスの実現に向けて」では，介護サービス利用者の増加とニーズの多様化・複雑化・高度化が進んでいくなかで，チームケアが重要になっていくことが強調されている．しかしながら，現在のケア現場は，先に述べたように，多様な経歴をもつ人材が流入しており，個人の能力も異なる．そういったなかで介護職に対する指導や助言，適切なサービス提供が行われているかを管理することなどが必要となり，人材とサービスの質のマネジメントを担う者の必要性について触れている．そして，この役割を担うのが一定のキャリアを積んだ介護福祉士に期待されているという．

　先の報告では，介護職のリーダーに求められる能力について，次のように示されている．

- 高度な知識・技術を有する介護の実践者としての能力と求められる能力：より専門的な知識・技術が必要となることから，多職種と連携しながら，さまざまなニーズをもつ利用者への対応といった役割．
- 介護技術の指導者としての役割と求められる能力：グループ内の介護職に対し，個々の介護職員の意欲・能力に応じて，利用者のQOL（生活の質）の向上に資するエビデンスに基づいた介護サービスの提供に向けた能力開発とその発揮を促す環境づくりの役割．具体的には，グループ内の介護職に対する能力開発（介護技術の指導や助言），やその能力を引き出す支援（適切な業務・役割の配分やスーパーバイズ）といった役割．
- 介護職のグループにおけるサービスをマネジメントする役割と求められる能力：介護過程の展開における介護実践を適切に管理する役割．具体的には，介護実践の管理，介護職のフォロー，多職種・機関からの情報収集と共有などがある．またそれに必要な連携力という能力．

　つまり，介護職のリーダーとなるものは，ケアに関する十分な知識や技術を有し

ていることはもちろんのこと，職員の能力開発や提供される介護サービスのマネジメントまで期待されているのである．このような役割を遂行できるようになるには，各職務に必要な知識をリーダー自身が得るだけでなく，リーダー職員自体を支えていくことの必要性を認識し，それを可能とする体制がなければならないだろう．

2．スーパービジョン実践への助走

　多様な職員を現場で教育していくことのできる方法の1つとして，SVがある．しかし，SVという言葉は浸透しつつも，実践する場合には，スーパーバイザーの役割がいまだ十分定義されないままであったり，その機能の多くが職員同士の関係上の特性からやみくもに行われている感が強い（徳島県社会福祉協議会：2007）．また，ケア現場では，個人を対象にしたSVよりも，グループスーパービジョン（以下，GSVと略）として展開されることが多い．それは，実践現場の現状を振り返ると，慢性的に忙しく，マンツーマンで面接を行う時間がなかなか取れないことや，時間を確保できたとしても不定期になったり，いつの間にか消滅したりといった現状（植田：2005：64）からである．

　福祉職員研修テキスト（2011）にもOJTの方法としてGSVが位置づけられている．しかしながら，具体的なOJTの方法について調査している報告書によれば，経験・能力のある人といっしょに仕事をさせているが63.1%，業務マニュアルを作成しているが59.5%，部下指導を管理職の役割にしている58.8%という結果であり，実際には，SVがOJTのなかで占める割合はほとんどみられないというのが現状である（介護労働安定センター：2012）．

　訪問介護（以下，ヘルパーと記す）においても，SVの必要性について問われている．それは，ヘルパーを評価する判断材料が，利用者宅で行われるサービス提供時のヘルパーの言動がすべてであること，また訪問するヘルパーによって提供されるサービスの内容や質が変わってしまう可能性があるからである．さらに，ヘルパーは，多くの事業所で直行直帰であり，登録ヘルパーのなかにはパートなど短時間労働の就労形態を選択している人たちもたくさんいる．このようななかでは，ヘルパーが情報交換や連絡調整をしたり，相談することも少なく，各ヘルパーが孤軍奮闘し，試行錯誤を繰り返している．そのため，各ヘルパーが仕事に迷いや不安を感じたり，ストレスや葛藤に悩み，また努力の成果を共有することもなく仕事を続けることになる（大塩：2002：30）と指摘されており，これらの解決策としてのSVが求められている．

　一方で，入所施設における，とくに認知症ケアにおけるSVが必要であるといわ

れるようになった背景には，集団的ケアから個別的ケアへというケアの考え方が変化してきたことがあげられる．これまでケア現場では身体介護が中心であり，とりわけ 3 大介護は，集団的ケアという方法が主流であった．しかし，認知症ケアはこの集団的ケアでは対応できないことが認知され，個別的ケアの重視，そのことがグループホームケアへとつながってきているのである．個別的ケアが重視されることは，同時に職員自体も少人数あるいは 1 対 1 で高齢者との介護関係を作り出す必要性が生まれ，職員 1 人ひとりの力量が問われることになる．そこでは職員 1 人ひとりが抱える課題も明確になり，多様化してくることもまた必然なのである．「人間関係を扱う特殊性は，援助における『感情のやりとり』が大きな意味をもつ」ともいえる．しかし，認知症の場合には自分の意思を伝えることが困難になることにもなり，「感情のやりとり」ができない．このような目にみえにくい感情的な問題が介護職にとっての情緒的な消耗感を高めることにつながるため，燃え尽きの危機からの脱却を図る（認知症介護研究・研修東京センター：2005）ことが重要である．ケアの仕事は単純労働（routine work）ではない．つまり，決まりきった作業対象を，同じ手順で，結果のわかっている作業（それはベルトコンベヤーの流れ作業が象徴している）を行うこととは違って，対象者は 1 人ひとり異なるし，抱えている問題も複雑で，また，同じやり方をしても同じ結果が出るとは限らない．ワーカーは，これまでの経験を背景とはするが，常に新しい事態に対処しなければならない．それはある意味で「創造」の仕事である（黒川：1989）．さらには，ケア現場の複雑なシフト，規定超過の多い勤務時間で「要介護者に対して，十分な対応を心がけていても，サービスを受ける側の反応は，正比例するとは限らない．ときに，不本意な言葉や態度で打ち返されることも多々ある．これらの言動や行為が高齢者の心理的特徴や認知症など疾病によるものであっても，瞬時に受ける精神的ストレスは大きい．さらに，介護業務は，十分な到達点が不明瞭であり，対象となる要介護者との関係性のなかで仕事の意義と価値を見いだすもの」（秋山：2010）である．とくに重度の認知症高齢者のケアにおいては，職員が行ったケアがよかったのか否かの反応もないことが多々ある．このようなケア現場のなかでは，自分の行っているケアを適切に評価してくれる上司や同僚の存在は不可欠である．

　そこで着目されたのが，SV という方法論である．ケア現場で日々起こってくる個別的な課題をていねいに点検し，職員のスキルを向上させていくという仕組みがいま問われている．

注）

i) 2012 年 8 月 24 日厚生労働省老健局高齢者支援課認知症・虐待防止対策推進室報道発表による（http:// www.mhlw.go.jp/stf/houdou/2r9852000002iau1-att/2r9852000002iavi.pdf，2013.9.22）.

ii) 日常生活自立度判定基準による認知症の症状の有無では，介護老人福祉施設では 96.4%，介護老人保健施設では 95.0%，介護療養型医療施設では 96.8%という結果が報告されている．日常生活自立度判定基準による認知症の症状の有無では，介護老人福祉施設では 96.4%，介護老人保健施設では 95.0%，介護療養型医療施設では 96.8%という結果が報告されている.

iii) 2017 年介護サービス施設・事業所調査の対象となったグループホーム数である．（https://www. mhlw.go.jp/toukei/saikin/hw/kaigo/service17/dl/kekka-gaiyou.pdf，2019.6.13）

iv) 「認知症介護実践リーダー研修修了者を認知症日常生活自立度Ⅲ以上の者が 20 人未満の場合は 1 名以上を配置，20 人以上の場合は，10 または，その端数を増すごとに 1 名以上を配置すれば介護報酬の算定単位として 1 日につき 3 単位を加算するという条件で，平成 21 年から実施されている.

v) 「センター方式」とは，認知症の人のためのケアマネジメントセンター方式の略で，2000 年に認知症介護研究・研修センター（仙台・東京・愛知）が開発したケアマネジメント（アセスメントとケアプランの作成，実践とモニタリング）を継続的に展開していく方法である．①その人らしいあり方，②その人の安心・快，③暮らしのなかでの心身の力の発揮，④その人にとっての安心・健やかさ，⑤なじみの暮らしの継続（環境・関係・生活）の 5 つの視点からアセスメントを行うシートとして開発された．（認知症介護研究・研修東京センター他：2006）

vi) 「ひもときシート」は，介護する側の思い込みや試行錯誤で迷路に迷い込んでいる状況から脱するために，シートのそれぞれの段階で「評価的理解」「分析的理解」「共感的理解」の考え方を学び，援助者中心になりがちな思考を本人中心の思考（すなわち本人の気持ちにそった対応）に転換し，課題解決に導こうとするツールとして開発されたものである．（認知症介護研究・研修東京センター：2013）

【文　献】

秋山恵美子（2010）「介護従事者のストレス」『現代のエスプリ　介護はなぜストレスになるのか』ぎょうせい，59-69.

石川准，室伏亜紀訳（2000）『管理される心：感情が商品となるとき』世界思想社.

汲田千賀子（2013）『日本における認知症介護のスーパービジョンシステムに関する研究―デンマークでの取り組みを踏まえて―』日本福祉大学大学院福祉社会開発研究科（博士論文）.

汲田千賀子（2017）「認知症ケア現場のリーダーに対する継続的スーパービジョン」『同朋福祉』(23)，111-130.

汲田千賀子（2018）「認知症ケアにおける複層的スーパービジョンの必要性―スーパーバイザーを支援する取り組み例から―」『同朋論叢』46-35.

厚生労働省（2012）「認知症施策 5 カ年計画（オレンジプラン）」．（http://www.mhlw.go.jp/stf/houdou/ 2r9852000002j8dh-att/2r9852000002j8ey.pdf，2014.1.3）

厚生労働省認知症施策検討プロジェクトチーム（2011）『今後の認知症施策の方向性について』.

黒川昭登（1989）『現代介護福祉論　ケアワークの専門性』誠信書房.

村田康子・鈴木みずえ・内田達二編（2010）『認知症ケアマッピングを用いたパーソン・センタード・ケア実践報告集第 2 集―地域におけるさまざまな取り組み―』クオリティケア.

永田千鶴（2009）『グループホームにおける認知症高齢者ケアと質の探求』ミネルヴァ書房.

認知症介護研究・研修東京センター（2013）『認知症ケアの視点がかわる「ひもときシート」活用ガイドブック』中央法規出版.

認知症介護研究・研修東京センター他編（2006）『改定　認知症の人のためのケアマネジメント―センター方式の使い方・活かし方―』中央法規出版.

認知症介護研究・研修東京センター監修（2005）『新しい認知症介護　実践リーダー編』中央法規出版.

野口典子，汲田千賀子（2018）「高齢者施設におけるユニットリーダーの職務と求められる能力」『中京大学現代社会学部紀要』12(1)，25-40．

大塩まゆみ・福富昌城・宮城博（2002）『ホームヘルパーのためのスーパービジョン　より良いサービスの提供をめざして』ミネルヴァ書房．

佐藤博幹（2008）「ケアの人事管理—雇用管理と報酬管理」，上野千鶴子，大熊由紀子他編『ケア　その思想と実践（6）ケアを実践するしかけ』，177-196．

社会福祉法人 徳島県社会福祉協議会（2007）「社会福祉施設におけるスーパービジョンのあり方に関する研究」『とくしま社会福祉研究』第17号②．

タクティールケア普及を考える会編（2008）『タクティールケア入門』日経BP企画．

田村綾子（2012）「第Ⅳ章スーパービジョンの方法」柏木昭・中村磐男編『ソーシャルワーカーを支える人間福祉スーパービジョン』聖学院大学出版会．

田中かず子（2010）「感情労働としての介護」『現代のエスプリ　介護はなぜストレスになるのか』ぎょうせい，48-58．

舘石宗隆（2003）「わが国の痴呆性高齢者支援対策」『OTジャーナル』37(9)，861-871．

トム・キットウッド著・高橋誠一訳（2005）『認知症のパーソンセンタードケア―新しいケアの文化へ―』筒井書房．

植田寿之（2000）「第Ⅰ部　スーパービジョンの基礎理論　第33章スーパービジョンの方法と課題」奈良県社会福祉協議会編集『ワーカーを育てるスーパービジョン』，中央法規．

財団法人介護労働安定センター（2012）『平成24年度版　介護労働の現状Ⅰ　介護事業所における労働の現状』．

財団法人介護労働安定センター（2012）『平成24年度版　介護労働の現状Ⅱ　介護労働者の働く意識と実態』．

財団法人介護労働安定センター（2011）『平成23年度版　介護労働の現状Ⅰ　介護事業所における労働の現状』．

全国社会福祉協議会（2011）『改定　福祉職員研修テキスト　指導編』．

OJT

　社会人になり，最初に入社した会社の研修施設は新横浜にあった．最初の3か月は，新入社員教育ということで，部門別に40名程度のクラスに分けられ，社会人としてのマナーから専門職としての基本的な研修を受けた．毎日，朝9時から17時まで，みっちりという感じで，いろんなことがレクチャー，あるいは議論され，大学の講義に比べても随分と刺激的だったように記憶している．

　当時私は，電車で30分程度の会社の寮に住んでおり，満員電車も苦にならないくらいに楽しく，会社帰りには，ちょうど乗換駅の傍にあったパチンコに寄ったものである．会社の寮に帰れば，異なる部門の新入社員同士がいろいろな話をしながら，新入社員生活を楽しんでいた．

　そんなこんなで3か月を過ぎると，いよいよ配属先が決まり，OJTとなった．私は，プログラミング開発部門に配属され，OJTの担当は，偶然にも，最初の新入社員研修のときの講師であったので，非常に親近感を覚えた．職場での挨拶の仕方から，仕事上で必要なプログラミング技術に関することまで，いろいろなことを学んだ．時には，拠点間での打ち合わせのため，先輩と一緒に電車で移動することもあった．時間が経つのも早く，あっという間に1日が終わり，周囲に高い建物がない17階のフロアからは，綺麗な多摩川の夕焼けが見え，時には，少し残業をして，帰りには隣接する会社のプールで泳いで帰った．

　OJTの期間は9か月，最初の3か月の新入社員研修と合わせると1年間は研修期間中となる．2年目からは，完全にひとり立ちということではないが，私としては，最初の1年間は，会社に，先輩に「守られていた」という感じがする．プログラミングという「技術」については，実務を通して「教えてもらう」という感覚であったが，その他の社会人としての「生活」については，その都度，遠慮なく聞いて，安心して新入社員生活を送ることができたと思える．OJTの先輩を信頼すると同時に，会社への信頼もあったということであろう．

　当時のことは，随分と時間が経過したいまも，どこかしら自分の役に立っているように思える．会社での研修内容というよりも，新入社員研修の3か月，OJTの9か月，これらの「時間」が，いまも生きている．そのような意味では，会社でのOJTは，私の人生におけるOJTであったと思える．仕事を通して人を育てるためには，育てようとするOJT担当者，ひいては所属する職場が，単に仕事で必要な技術を「教

える」ことではなく，信頼関係を基に，人の可能性を信じ，その後のその人の人生に役に立つという，「人と社会への投資」という大きな視野が必要なのではないだろうか．振り返って，私が当時の会社や先輩から学んだことを，その後，私は社会に還元できたであろうか，そう思える OJT であった．

職場で行われる OJT は，経営資源である "人" を育てるという点において欠かせないものであろう．それは，持続可能な競争力を維持するためにも戦略的かつ継続的なものでなければならないことは明白である．ダートマス大学ビジネススクールのフィンケルシュタインは，OJT は仕組みではなく，仕事に関する知識やスキルから処世術まで，部下の心に後々まで深く教訓として刻み込まれるものであり，そうした教育は，教えるべき内容とタイミング，そして徹底することが重要であるとする．厚生労働省の「平成 30 年度能力開発基本調査」によれば，人材育成に関する問題点として，「指導する人材が不足している」「人材育成を行う時間がない」「人材を育成しても辞めてしまう」となっている．これらは，フィンケルシュタインによれば，「問題点として捉えていることが問題である」ことになるだろう．すなわち，「指導する人材」は作るものではなく，「そこにいるはず」であり，「人材育成を行う時間がない」のではなく，「優先順位を落としているに過ぎず」「辞めてしまう」ことを問題として捉えるべきではない，となるだろう．その根底には，「プロフェッショナリズム」「仕事のコツ」「人生の教訓」がある，とする．そのうえで，教える技術的なこととして，「教えるタイミング」「個別化」「質問すること」「模範を示すこと」などを挙げている．

私たちの職場において，OJT という言葉を使うとき，とかく「技術的」なこととして OJT を捉えているようにも感じられる．確かに，企業競争力を優位にするための人材育成と考えれば，他社より優れた人材を育てる必要があり，育てた人材を失えば，それまでのコストとともに，競争力が失われる，という論理もあるだろう．しかし一方で，本当に人材育成に優れた企業であれば，次々と優秀な人材が育てられているはずである．フィンケルシュタインは論文のなかで，インドの ICICI 銀行は「優秀な人材のリーダーシップ養成場」となったことで加速度的な成長を遂げたとする．日本にも支社のある，マッキンゼー，ボストンコンサルティングなどは，さまざまな業界のリーダーを輩出していることでも知られている．近視眼的に見れば，優秀な人材が自社からいなくなったことは損失であると捉えられるのかもしれないが，社会に対しては有益となり，繰り返すことによってその企業の価値は上がるともいえるのではないか．

翻って，福祉業界においては，株式会社等の新規参入があるとはいうものの，価

格競争も含めた企業間競争が一般企業ほど激しく行われている状況とはいえないだろう．福祉が公器の経営に依拠する部分が多いものとするならば，近視眼的なOJTではなく，社会的な広い意味での人材育成という視点に立ったOJTであってもよいのではないだろうか．もしそうならば，福祉における人材育成は，フィンケルシュタインの言葉を借りるなら，「プロフェッショナルとして人生を歩むこと」，そして，スキルとしての「コツ」を教えることになるのではなかろうか．

【文　献】
Sydney Finkelstein, The Best Leaders Are Great Teachers, "HBR, January-February 2018. Harvard Business School Publishing Corporation. (＝2018，飯野由美子訳「最良のリーダーは偉大な教師である」『ダイヤモンド・ハーバード・ビジネス・レビュー』June，ダイヤモンド社.）

第 1 章

スーパービジョンの基礎的理解

スーパービジョンの歴史的変遷

1．スーパービジョンの語源

　スーパービジョン（Supervision；以下，SVと略）は，対人援助専門職がその価値観・知識・技術を継続して学び，すでに備わっている資質をさらに発展させ，成長を促していく機会であり，元来，同一専門職間で行われ，頻度も複数回で継続性を重視した人材育成の方法である．SVは，対人援助職の成長にとって重要な契機となる．SVとは，ラテン語で「注意深く観察をする」という意味をもつsupervisusを語源にもつ．「上の・上から」を示すsuper，「見る・見渡す」を表すvidereに加えて過去分詞tusを末尾に付けた語であり，superviseとはsupervidereが発展したものだとされている．また，supervisorからの逆成とする説もある（野村，2015）．SVを行う人をスーパーバイザー，SVを受ける人をスーパーバイジーという．

2．対人援助職の分野を越えて共有されるスーパービジョンの重要性

　SVの重要性については，各種の対人援助職のオリエンテーションを超えて，共有の理解が蓄積されている．たとえば，カウンセリングの分野のキャロル（Carroll, 2011）によれば「スーパービジョンは，アートであると同時に科学であり，存在としてあることと実際に行うことの両者を含む．また，技術であり，戦略であり，関係性でもある．スーパービジョンの内容には，成長と評価という視点が重視され，スーパーバイジーとスーパーバイザーが相互に学び合う関係性でもある．（略）すでにある捉え方を見直し，新しい意味づけを行う」とされている．また，看護分野のホワイトら（White, et al., 2014）による臨床SVの歴史的系譜のまとめにおいては，表Ⅰ-1に示されるように，1878年のソーシャルワークにおけるリッチモンド（Richmond）から始まって，1902年，精神医学分野のフロイト（Freud），1938年ソーシャルワーク分野のホリス（Hollis），1970年カウンセリング分野のプロクター（Proctor）が挙げられ，看護分野のホワイトらのSV評価尺度の開発へと，臨床SVの系譜が分野や領域を超えて指摘されている．SVについて1世紀以上にわたる歴史的系譜を表Ⅰ-1のようにまとめる視点はホワイトらによるものではあるが，SVは対人援助職の領域や

表 I-1. 臨床スーパービジョンの歴史的系譜

年	事項／組織	国／都市	主要人物／著者
1978	Charity Organization Society	Boston, USA	Mary Richmond
1902	Wednesday Psychological Society	Vienna, Austria	Sigmund Freud
1938	Principles of CS from social case workers to nurses	Ohio, USA	Florence Hollis
1970	Standing Committee for the Advancement of Counselling	London, England	Brigid Proctor
1976	Publication of supervision in social work	Wisconsin, USA	Alfred Kadushin
1980	Proliferation of groundbreaking international clinical supervision publications	USA; Finland; England; New Zealand; Sweden; Australia; Portugal	Ellis; Ladany; Leddick; Munson; Watkins; Shulman; Bernard; Goodyear; Hyrkas; Milne; Butterworth; Consedine; Severinsson; Yegdich; White; Winstanley; Cruz
1986	Publication of an influential framework for CS	London, England	Brigid Proctor
1997	Clinical Supervision Evaluation Project	Manchester, England	Tony Butterworth
2000	The Manchester Clinical Supervision Scale	Manchester, England	Julie Winstanley

出典：White, E. ＆Winstanley, J.：Clinical Supervision and the Helping Professions. An interpretation of the History (2014).

分野を越えて歴史的にその重要性が共有されていると考えられる.

3. ソーシャルワーク分野におけるスーパービジョンの歴史的展開

　近年のソーシャルワーク分野における SV に関する諸外国の学術論文掲載数をみると（図 I-1），21 世紀になり増加していることが示されている．2014 年に少ないのは調査時期の設定によるもので年間を通してみると増加の傾向は続いている．ソーシャルワーク領域において，1930 年代に SV に関する体系的著書を表したロビンソン（Robinson, 1936）によれば，SV とは，「（充分な）知識と技術を兼ね備えた人があまりそれらの知識や技術を有していない人に対して行う教育的な過程である」とされている.

　内外を問わず SV 論の原点となっているカデューシン（Kadushin, 1976）は，「SV は，スーパーバイジーにとって情緒的・心理的苦痛を排除し，拒否的になることを防ぎ，距離をおきすぎること等を防ぐための方法および戦略になり得る」としている．ま

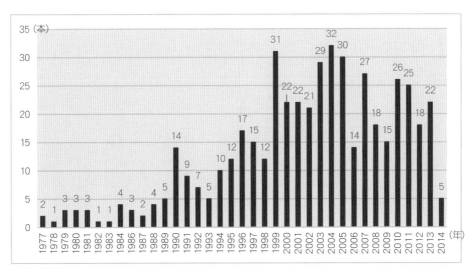

出典：野崎瑞樹（日本社会福祉教育学校連盟監修）：文献検索からみた諸外国のスーパービジョン論文の動向. ソーシャルワーク・スーパービジョン論，p.509，中央法規，東京（2015）．

図 I -1．スーパービジョンに関する学術論文の掲載数の推移

た，臨床ソーシャルワークの領域からマンソン（Munson, 2002）は，SVを考察する視点として，①仕事内容やスーパービジョン関係に影響を与えているスーパーバイジー自身の個人的要因や背景，②スーパービジョンの過程におけるスーパーバイジーの問題解決の方法とその展開状況，③組織の目的の効果的な遂行，④スーパーバイザーとスーパーバイジーの関係性を挙げており，とくに第4の視点を重視している．

スーパービジョンの意義と機能

　SVの意義は多面的であり，利用者，スーパーバイジー，スーパーバイザー，組織，関係者・関係機関等，SVの実際に即して展開され，スーパーバイザーは，サービス利用者に最良の効果が届けられるように責任をもつ．

　SVの機能や役割には，管理的機能，教育的機能，支持的機能，媒介的機能，コミュニケーション機能，評価機能等がある．前三者は従来から明記されている機能であり，それに比較して，媒介機能，コミュニケーション機能，評価機能は近年のSV論のなかで重要視されるようになってきているものである．

　管理的機能とは，組織・機関の事業計画，実施，モニタリング，評価に関し，業務の割り当てや調整を行う．職員が組織における規律を遵守し，担当業務や役割を遂行しているかを評価し，必要に応じて指導する．職員を組織内外の衝撃から守る場合もあり，組織内の変革も行う．組織外のスーパーバイザーには管理的機能はない．

　教育的機能とは，スーパーバイジーが，効果的・効率的・倫理的に業務を遂行するための知識・技術・価値・倫理を習得し，専門性の向上に向けて教育・指導・示唆をする．具体的には，価値観・知識・スキルを伝える；考えを実践する機会を設ける；振り返りを促し，言語化する機会を設ける；ストレングスや改善点等を具体的に伝える；今後の取り組みを明確化できるよう支援する．

　支持的機能とは，スーパーバイジーを専門職および人として認め，尊重する関係性を基に，自己の実践の振り返りを省察できるように，傾聴，受容，サポートする．さらに，スーパーバイジーのストレスを軽減し，バーンアウトを防ぐ．

　SVの機能を多面的に捉えているプリチャード（Pritchard, 1995）は，管理的機能・教育的機能・支持的機能に加えて，評価的機能・コミュニケーション機能を重視し提示している．さらに，プリチャードによれば，SVの具体的課題として，①組織展開を促進する，②スタッフの役割と責任を明確化する，③良質で創造的な実践環境を作る，④人々がストレスに対処できるよう援助する，⑤創造的な専門職が育つよう支える，⑥組織に対して全体方針や実践に関わるフィードバックを行う，等が挙げられている．

　対人援助職は，さまざまな不安や戸惑いを抱きながら利用者や家族への援助を行っており，スーパーバイジーは多様なストレスを集約して体験している．SVの過程において表出されるスーパーバイジーの体験している重層的なストレスを図Ⅰ-2に示す．

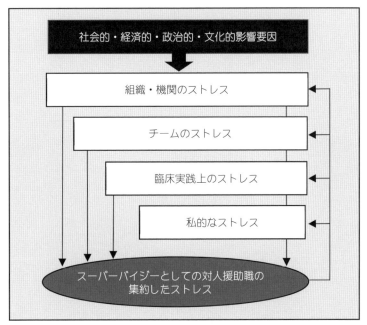

(A. Brown, I. Bourne (1996) より野村作成)
図Ⅰ-2. 対人援助職の重層的なストレス；ソーシャルワークシステムを基に

　社会的・経済的・政治的・文化的影響要因によるストレスは，制度の変革やシステムの変更，さらには天変地異などの要因が原因となるストレスである．組織・機関のストレスは，新しい組織上の展開が以前から根づいている考え方と相違するときなどである．チームのストレスは，オリエンテーションの異なる多職種間で意見の相違があり，統一した支援に結びつかない場合などである．臨床実践上のストレスは，たとえば，利用者と家族の意向が異なり，利用者のために適切な方法を選ぶことが難しいときなど，対人援助職にとってもっとも多いストレスでもある．私的なストレスは，人生の発達段階上の出来事等に由来するプライベートな暮らしの領域のストレスを含む．

　図Ⅰ-2からみられるように，ストレス間の複雑な重層化が，時間の経過を加えて蓄積し，ストレスの原因を見つけ出すことはきわめて困難な状況である．原因解決の方法を求めるだけではなく，スーパーバイジー自身の問題解決能力の探索・気づき・内省・省察等の繰り返しが欠かせないことや，SVの背景としてのストレスのとらえ方が示されている．また，スーパーバイジーとスーパーバイザーの関係性そのもの，すなわちSVを行うこと自体が，スーパーバイジーのストレスに含まれることを忘れてはならない．

スーパービジョンの新しい展開とモリソンの 4×4×4 モデル

1．スーパービジョンの新しい展開

　SV を理解するうえで機能重視の論調は，組織内に限定した SV にとってとくに重要である．しかしながら，1980 年代以降になって，組織を越えて捉える多様な SV の意義の指摘が，イギリスやニュージーランドの論者によって展開されている．SV の理論家が描く体系を 3 つに分けて紹介しているのが，北島 (2015) である．北島は，第 1 の潮流としてカデューシン，第 2 の潮流としてマンソン，そして第 3 の新しい潮流としてモリソン (Morrison) とワナコット (Wonnacott) を提示している

　3 つの潮流は，機能をどのようにみるかという点でとくに相違がみられる．イギリスのモリソン (1953-2010) は，イギリスの労働党政権時代 (1997-2010) に行われたソーシャルワーク改革において SV モデルの体系化を担った．その背景にはビクトリア・クリンビー事件やベビー・P 事件などの痛ましい児童虐待への深い反省がある．『家族：児童虐待のアセスメントと治療 (Dangerous families: Assessment and treatment of child abuse)』等を表し，英国犯罪加害者治療協会 (The National Organisation for the Treatment of Abusers) の初期メンバーとして，ネットワーク構築や支援実践の発展のために長く関わり，青少年人材開発評議会 (CWDC: Children's Workforce Development Council) のメンバーの一員であり，研修・コンサルティング会社 In-Trac を主宰した．2009 年に，新人のソーシャルワーカーに対する国を挙げての研修プログラムの構築を担い，その過程でモリソンは，SV の 4×4×4 モデルを示し，その提示は理論面を含め，イギリス・オーストラリア・ニュージーランド・カナダなど，国際的な広がりを急速にみせている．

　モリソンが 2010 年に 56 歳という若さで急逝した後，モリソンとともにイギリスにおける SV の研修プログラムを開発した In-Trac のワナコットは，SV の機能を管理的・教育的・支持的という 3 機能に限定することはできないとし，その理由として，① 1 回の SV において，すべての 3 つの機能を提示することは難しい，② 3 つの機能に相互関連があり，それぞれを別々に切り離して取り扱うことは難しい，③ある限定された時間内において，1 つの機能が無視され，避けられるならば，SV が安心を与えるものとはならない，という 3 点に言及している．

2．4×4×4モデルの概要

モリソンによる4×4×4モデル（図Ⅰ-3）は，管理・成長促進・支持・媒介という4つの機能と利用者・スタッフ・組織・パートナー（関係者）というステークホルダー4者，経験・内省・分析・計画と行動というSVサイクルの4要素より構成される．モリソンの一貫した関心は，保護を必要とするヴァルネラブルな児童にあった．そして，そのような対象に接する最前線の職員こそが，質の高いスーパービジョンを受ける必要があると示唆している．モリソンの開発した研修プログラムは，広範に実施され，成果が蓄積され，またその一連の評価は，イギリス全体で非常に大きなSVの実証実験として，4×4×4モデルの有効性の検証に寄与した．ワナコットは，モリソンとともにイギリスにおけるSVを発展させ，その研修プログラムの開発も行い，モリソンが2010年に56歳という若さで急逝した後も，その理論と実践を継承し発展させている．

また，カーペンターら（Carpenter, et al., 2012）はこの評価事業を担った中心的な論者であるが，4×4×4モデルの総括的な検証を次のように示している．「新人のソーシャルワーカーに対して4×4×4モデルに基づいたSVが行われる際，それが十分に活用された場面では，ストレスが減少し，仕事への満足度が増し，ソーシャルワーカーとしての力量と有効性が増した」．国内外においてSVの効果評価に関する検証が限られているなかで，カーペンターらの上述の指摘はモデルの検証と実践への課題を示した貴重な成果といえよう．

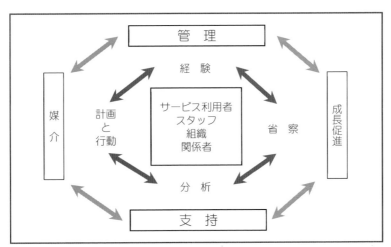

©Tony Morrison & Jane Wonnacott (2009)
図Ⅰ-3．モリソンとワナコットによる4×4×4モデル

モリソンとワナコットによれば，4×4×4モデルの特徴は，次の5つに表される．

第1に，SVは，時間があるならば行えばよいという類のものではなく，必ず行うという点である．その重要性を意識すればするほど，サービス利用者にとって意味のあるものとなる．わが国でSVは，どちらかといえば，大事ではあるがいちばんに獲得するものとして捉えられてはいない．それは，ソーシャルワークを初めて行う者にとってどのような知識・技術が必要かというところで優先されてはいないと考えられる．モリソンとワナコットは，初めてソーシャルワークの仕事に就いたときから，SVを意識し，SVを受けることのできる体制を整えるべきだと強調している．

第2に，SVの関係性がきわめて重要であるという点である．とりわけスーパーバイザーとスーパーバイジーの関係のなかでは，肯定的な関わりが鍵となり，そのこと自体がスーパーバイジーの利用者支援の鏡となると考えられる．肯定的な関係は，開かれた誠実な議論を通して築かれる．関係性が構築されると，スーパーバイジーのもっている力そのものが認められ，そのときにはスーパーバイジー自身が自らの振り返りを基に誤りや至らない点も見つめ直し，次に進む一歩を挑戦的に行うことができる．スーパーバイザー・スーパーバイジー間の関係性とスーパーバイジー自身の実践について，同時併行・パラレルなあり方を重視して相互を有機的に反映させながら展開していく．

第3に，スーパーバイジーとスーパーバイザーの関係性の形成にとって，SV契約の役割は強調してもし過ぎることはないという点である．肯定的な関係においては，スーパーバイザーがスーパーバイジーを理解し，SV関係の期待と限界を明確に示すことが必要となる．そして，そのことは書式や口頭を通して常に振り返る必要がある．SVのプロセスのなかでこの契約の重要性は，とくにわが国では明示されているとは言い難い．ワナコットはモリソンとともに次のように契約の重要性を指摘している．

「4×4×4モデルの核は，スーパーバイザーとスーパーバイジーの関係性に与える多様な要素やシステムを明示し，机の下でなにかをするのではなくて，机の上で見せるような姿勢にある．机の下で行ってしまうことは，無意識のうちに大事な課題に対して，開かれた正直なやり取りを妨げるものとなる．机の上で互いに見せ合うなかでの開始であり，展開である．」

そのための多様な価値観，知識，技術が改めて問われる．

第4に，4×4×4モデルでは，感情と思考と行動の統合が欠かせないという点であり，SVプロセスでは，直観による応答と分析的な思考が，判断・決定・計画に欠かせないことを改めて示している．直観の意義や思考と行動の統合の意義を総合さ

せているとも考えられる．システム思考は，極端な場合，情緒や情動面を無視することにもつながりかねない．すなわち，なにが課題となっているのか，なにが行われているのかを検討するときに，感情や思考の関わりを無視してしまう危険性をはらんでいる．その行為自体は認識されておらず，無視され，状況によっては直面することへの妨げとなる場合もある．

　第5に，SVサイクルは，コルブ（Kolb, 1984）の経験学習理論の考え方に基づいているという点である．コルブの経験学習理論は，分野を問わず実践を重視した教育の原点ともなっているが，4×4×4モデルでは，とくに，その内省を重視したところが取り入れられている．その点について，実践に焦点を当てて見ていくと，次のようにも考えられる．①自分の実践を見つめ直し，内省し，明確に記録する，あるいは自分の記憶に留める，②そのことを通して，実践上，自分が意思決定した理由や根拠を明らかにする，③意志決定自体を批判的に内省していく．4×4×4モデルのなかでは，内省する手段としての記録，あるいはSVのなかでの言語化の方法がきわめて重要視されている．このモデルの特徴は，根拠として内省や省察の重要さを述べることを超えて，研修や教育のなかで，徐々にその方法を自らのものとし，実践に反映させていくことを常に目的としていることである．学ぶ者同士の双方向のコミュニケーションを基に，モリソンの教育や研修への見識の高さが蓄積されていると考えられる．

　モリソンの4×4×4モデルには先述したように3つの4側面で示される関わりがある．第1には，4つの機能，すなわち管理・成長促進・支持・媒介である．第2には，SVのステークホルダーであり，利用者・スタッフ・組織・パートナー（関係者）を含む．第3には，SVサイクルの要素であり，経験・内省・分析，および計画と行動である．以下では，それぞれの4側面のもつ意味について詳しく示すこととする．

　モリソンの提示するSV機能は，①管理機能：実践の力量を高め，意義ある実践を行うための機能，②成長促進機能：継続する専門職としての成長を促進するための機能，③支持機能：専門職および個人としてのワーカーへのサポートするための機能，④媒介機能：組織的な見解を個人のなかに見いだし，組織と結びつけていく機能の4つである．この4つの機能のうち，管理機能をどのように考えるかは，いまの日本の福祉関係組織や地域のなかでのSVを考えるうえで，さまざまな課題と関わっていると考える．たとえば，マネジメントを考えるときに，同一組織のなかで上司がいて，部下に対してSVを行うという環境がどこにもある状況ではなく，むしろ，職場を超え，別組織のそれも職種の違う熟達した対人援助職が新人の福祉職にSVを行うという構図もある．マネジメントという意味をどのように捉えるか，他職種連携・組織間連携等々との関わりで深く考察される必要があるだろう．実際

に，ケアマネジメントにおいて SV を展開するうえでは，いつ，どこで，だれが SV を担い，だれが SV を受けるのかというような構図が，至る所で展開される必要があり，その展開がなければ，SV 文化は醸成していかない．

モリソンの提示から見るときに，このマネジメントをどのように位置づけるかが問われる．さらに，カデューシンの提示するマネジメントと，モリソンの提示するマネジメントの意味の違いは，検討する必要があるだろう．包括的なシステムを視野に入れた SV は，職場を超え，別組織の職種の違う熟達した対人援助職が新人に SV を行うという構図もあり，他職種連携・組織間連携等々との関わりで深く考察される必要がある．SV 文化を醸成するためには，単一の専門職における SV に加えて，多様性と複層性を重視した SV の具体的な開発と展開が望まれる．

3．スーパービジョンの役割

ステークホルダーに関して，モリソンのように提示している論者は見受けられない．さらに，モリソンが 4 者のステークホルダーそれぞれにとっての SV のメリットを挙げている点も，きわめて実践的である (表I-2)．

これとは逆に，貧困な (質の低い) SV のもたらす弊害について，4 つのステークホルダーに沿って見ていくと，次のことがいえる (表I-3)．

4×4×4 モデルのなかの 4 側面のステークホルダーにおけるさまざまなメリット・デメリットは，スーパーバイザー・スーパーバイジーの関係性においては，2 者間でのみ生じる．しかしながらスーパービジョンのプロセスでなにが起きているのかを考えるときに，スーパーバイザーはこの 4 側面がどのように関わっているかを捉える力量が必要となってくる．すなわち，4×4×4 モデルを活用するスーパーバイザーは，SV プロセスのなかで，スーパーバイジーだけではなく，他の 2 側面 (組織・パートナー) がどのように展開するかについて常に留意し考察していなければならない．繰り返しになるが，目の前の関係はスーパーバイザーとスーパーバイジーの 2 者関係であるが，関わっている他の 2 側面 (組織・パートナー) を明確に捉え，スーパーバイザーはスーパーバイジーが 4 側面全体に関わることのできる力量を増すように努める必要がある．

表 1-2. スーパービジョンのメリット

利用者にとって	・よいスーパービジョンは，ワーカーの考えをよりしっかりと焦点化できる ・利用者の強さやニーズやリスクをよりいっそう見分けることができる ・利用者の思いや利用者との関わりに寄り添うことができる ・権威関係によりいっそう気づくことができる ・利用者によりいっそう参加してもらうことができる ・有効性に基づくアセスメントをすることができる ・より持続するサービスを提供することができる ・明確なプランを立てることができる
スーパーバイジーや職員にとって	・役割と義務が明確になる ・仕事がスムーズに行われる ・さまざまな領域が明確になる ・負担や重圧を分かち合うことができる ・自信を高めることができる ・内省を踏まえた判断をすることができる ・利用者に焦点を当てることができる ・創造的な実践が可能となる ・多様性が重視される ・権威関係のメリット・デメリットが明確になる ・あまりよくない実践を再検討できる ・自分の学習ニーズを明確にできる ・どのような思いで実践しているかがはっきりする ・ワーカーが大事にされ，孤立しない ・チームで仕事をすることが促進される
組織にとって	・肯定・否定，双方のコミュニケーションがより明確になる ・いままで重視されていない考え方が再検討される ・他の人と共有して仕事をしているということの意識が増し，同一組織で仕事をする意味が強くなる ・標準化が図れる ・問題に対して責任を分かち合うことができる ・スタッフのコンサルテーションを適切に増すことができる ・役割の理解を明確にする ・よりいっそう開放的な組織を作る ・組織としての自信を増す ・退職者が少なくなる
同じサービス利用者に対してともに働く関係者，あるいは組織の専門職にとって	・ワーカーにとって，役割が明確になる ・他の関係者に対する適切な期待ができる ・ワーカーにとって，他の組織の話を十分に聞くことができる ・他職種ミーティングを準備することができる ・異なった役割を想像し，ステレオタイプを排除する ・他の組織を十分に深く理解することを助ける ・他の組織の葛藤を調整する助けをし，資源を活用できる

表1-3．貧困なスーパービジョンンのもたらす弊害

利用者にとって	・観察や聴くことの貧しさ ・受容的でない行動 ・限界が不明確 ・アセスメントが不適切 ・相互のパートナーシップがつくられていない ・ニーズやリスクが指摘されていない ・ワーカーの離職を増やしてしまう ・不適切な権威性を用いてしまう ・利用者に焦点が当たらない
スーパーバイジーあるいはスタッフにとって	・自信の喪失 ・不明確な期待 ・防衛的な実践 ・多様性が恐れになってしまう ・専門職としての成長がおろそかになる ・感情や思いが隠されてしまう ・孤立感の増幅 ・精神的な不健康や離職 ・チームダイナミクスの不適切な展開 ・自信過剰
組織にとって	・組織のポリシーを明確にできない ・組織のゴールが混乱してしまう ・優先順位が不明確 ・上下関係が緊張感を生み出す ・混乱が増進する ・スタッフへのコンサルテーションの不足 ・問題解決能力の低下 ・利用者主体が妨げられる ・組織内の配属や異動が緊張をよぶ ・叱責の文化が増長される ・組織としての自身の喪失と組織内での信頼感の不足
関係者にとって	・役割の混乱があり，役割が重複したり，役割間で差がみえる ・相互の情報に誤解が生じたり，見失われる ・なにを優先するかが明確に表現されない ・他の組織に対する否定的なステレオタイプ ・単純な組織間の問題の悪化およびそれに伴う精神衛生上の悪影響

スーパービジョンの形態と種類

　SVにはそれぞれ異なる形態や種類がある．
　第1は，個人SVで，スーパーバイジーとスーパーバイザーの2者関係のコミュニケーションを基とする．具体的には，職場の上司と部下の関係の場合もあるが，熟練した専門職と経験年数の浅い専門職間で行われる．
　第2は，グループの力動を基とするグループスーパービジョン（以下，GSVと略）である．1人のスーパーバイザーと数名のスーパーバイジーが参加し，グループの展開過程でメンバー同士が支え，相互交流が進展する．相互の信頼を基礎に置きながら，深い共感に裏づけされた直面化が行われる．専門職同士のグループであることから，それぞれの成長にとって，内省的考察や気づきが生まれる．
　第3は，ピアSVで，仲間関係にあるソーシャルワーカーの間で行われ，スーパーバイザーはいない．メンバー相互の互助関係を基本として展開する．
　第4はライブSVで，個人とグループと双方の形態が含まれる．クライエントの援助場面そのものに関わり，いまここでの行い方で実際のSVが展開される．ロールプレイ等を活用し，よりライブに近い形で，体験的なコミュニケーションの過程に沿って技術等が修得できるように図る場合もある．
　第5は，セルフSVで，スーパーバイジー自身の内で行われる．
　さらにチームSVの形態もあり，これらの諸形態は，互いに相違しているが，異なる形態を目的に合わせて適切に組み合わせて展開することもある．また，誤解されやすいが，事例検討会と同義ではなく，「SVでは，クライエントや家族をまな板に載せるのではなく，スーパーバイジーとスーパーバイザーが共に載るものである」（野村，2016）．
　SVの実施段階で使用する材料・技法に関しては，個人・GSVにおいて逐語記録・プロセスレコード・ケース記録・事例提出用書式・ジェノグラム・エコマップ・組織や機関のシステム連関図・クライエントおよび関係者からのフィードバックや評価・ロールプレイ（シナリオ有・シナリオ無）・金魚鉢法・描画・イメージ・比喩・再現劇等，多彩な方法が活用されている．また，ライブ・フォーンイン（マジックミラー活用）も家族療法や集団療法において用いられている．

スーパーバイジー・スーパーバイザーの関係性

スーパーバイジーとスーパーバイザーの関係性について，パラレルな関係，特徴的なコミュニケーション，関係に内在する権威性，関係性におけるパートナーシップ，契約によって始まる関係，倫理の重要性，時間の限定と関係性の論点がある．

1．パラレルな関係性

SVはスーパーバイジー自身の選択や決定・責任を背景として成り立つものであり，スーパーバイジーがSVを意識化していないと成立しない．クライエントとワーカーおよびスーパーバイジーとスーパーバイザーの関係は同時併行的で，図Ⅰ-4に示すようにパラレルな関係性となっている．

ワーカーは，スーパーバイザーとの間で現実に起きている経過や方法について，場と時を変えて，クライエントと自分の関係に映し，スーパーバイザーの方法を学び，取り入れ活用することもできる．パラレルな関係性であるからこそ，直接的な指示やアドバイスではなく，いったん課題やテーマをスーパーバイジーがその人自身で手に取り見つめて，全体像を理解する助けとなる．個人・グループを問わず，在宅ケアに関わる多くの専門職がSVを受けることのできる機会は，頻度を含めて限られていると思われる．パラレル関係は，スーパーバイザーとスーパーバイジーの密

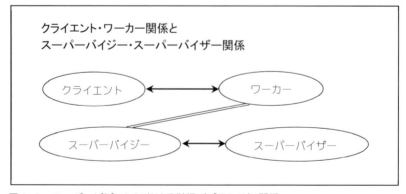

図Ⅰ-4．スーパービジョンにおける併行（パラレル）関係

度の濃い信頼関係によって成り立つものであり，職種の異なる場合や，共有の時間の設定が困難な状況のなかでも十分に成立するようにさまざまな手立てや方法が望まれる．

2．スーパービジョン関係における権威性

　スーパーバイジー・スーパーバイザーの関係性において SV という用語の語源からもみられるように，スーパーバイジーに対してスーパーバイザーは，力関係において上位にある．社会的な位置づけ，地域における立場，集団のなかでの役割，家族構造のなかの権威関係，性差による力関係，年齢差による力関係等，多様な力関係が働いている．スーパーバイザーの権威関係について，ハウら (Howe, et al., 2013) は，ラーヴェン (Raven, 1992) の次のモデルを示し，詳細に示している．ラーヴェンの挙げる 6 つの項目は以下のとおりである．
　第 1 は公式に付与された権威である．これは組織のなかでの公の役割に基づき，業務を監督し，その課題を成し遂げるかどうかに関し，決定権をもっている．
　第 2 は，人がなにかの資源や報酬を与えられることでもつ力である．サービスや財源をコントロールする力でもある．
　第 3 は，強制力である．課題を遂行しない人に対して，要求を加えるものである．
　第 4 は，熟達力である．これは，熟練した能力や知識をしっかりともっていることを基に，その権威が認められている場合である．
　第 5 は，依頼できる力である．他者がその人を価値が高く，尊敬でき，また好まれているというような関係性における力である．
　第 6 は，情報力である．他の力に含まれているが，新しいなにかへの可能性を認められる力であり，上述のものと重複するものもあれば，別に考えられることもある．有効な SV はパートナーシップを基にすると同時に，適切な権威関係を含めて責任性を十分に自覚することが基本となる．

3．スーパーバイザーの傾向と方法

　スーパーバイザーは，ワーカーが利用者のために，また利用者とともに歩むことと同じように，スーパーバイジーとともに歩んでいるものである．すなわち，スーパーバイジーの学習効果が高まるように，そのニーズに合わせて適切な方法を探る．マンソン (1981) は，スーパーバイザーの傾向と方法を 2 つのレベルに分け，考察している．マンソンの説を表したものが，図 I -5 である．

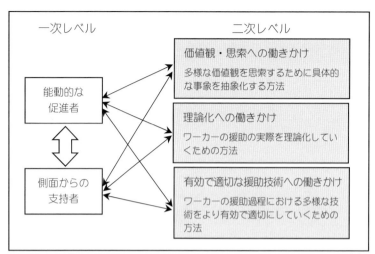

©E. Munson, Clinical Social Work Supervision. p.104, Haworth Press, 1993 より改変
（野村，2002）

図 I-5．スーパーバイザーの傾向と方法

　マンソンによれば，スーパーバイザーの傾向について，1つには能動的な促進者である場合，2つには側面からの支持者である場合が認められる．その両者は，1人のスーパーバイザーがどちらかの傾向を強くもつというのではなく，スーパーバイジーのニーズや関係性の進展に伴って適切に2つの立場を取り入れていくことである．スーパーバイザーの得意，不得意というような技術面のことではなく，2つの側面を兼ね備えるような能力が必要となる．さらにマンソンは，そのスーパーバイザーが働きかける対象を2次レベルとして位置づけ，図に示すように3つの領域に区分している．第1には，価値観・思索への働きかけ，第2には理論化への働きかけであり，第3には，有効で適切な援助技術への働きである．これらはソーシャルワークの3つの基本的要素である価値観・倫理，知識，技術に対応するものである．

VI スーパービジョンの過程

　SVにおける諸段階・プロセスは，準備段階・開始段階・中間段階・終結段階の4つの区切りを示す．

　準備段階では，SVの参加予定者がその関係性になにを提示し，また，なにを望んでいるかという個人の特徴が課題となる．SVは，スーパーバイジーにとってそれが困難であるか否か，またその困難さの程度の違いにかかわらず，自分や自分の能力を試す学習の機会として位置づけられる．挑戦であるからこそ，そこでは心配や不安や自己防衛が当然現れてくる．そのこと自体もこの準備の段階で，理解されている必要がある．

　次の開始段階は，具体的には，契約の過程と言い換えることもできる．SVへの異なる期待がどのように同意され，SVのなかでなにに焦点を当てるかを参加者のなかで決めていくプロセスである．相互の期待，および経過に伴う役割の分担が課題となる．一般的に，SVの開始の段階での契約は，次の項目を含んでいる．すなわち，SVの目的・頻度・経費・守秘義務，およびその限界・関係する責任組織・予測される妨げ・安全性の確保・目標到達への限界・記録・準備課題・テーマ・フィードバックや振り返りの方法・葛藤等への対処方法・約束不履行への対処・スーパーバイジーのスーパーバイザーに対するコンタクトの方法等が書式の相違にかかわらず明記されている．さらに，以上の項目は，個人SVにおいても，またGSVにおいても，形は異なるが含まれている．

　開始段階で，SVの強制力・スーパーバイザーの権威性等について，オープンにスーパーバイザーとスーパーバイジーの間で話されることはきわめて重要である．その後の関係性の進展を促進することに役立つだけではなく，不必要な痛みや否定的な体験を防ぐことにもつながる．後の段階で，修正がきくときもあるが，個人SVにおいても，またGSVにおいても開始段階での率直な自己の開示が欠かせない．

　中間段階は，発達・成長の時期である．スーパーバイジー，および専門職としての成長が本人のなかでどのように形づくられ，統合されていくか，また，その契機をスーパーバイジー自身がどのように捉えているかが重要となる．スーパーバイザーとしては，発達や成長をその場面に限って狭く考えるのではなく，SVの場から離れて活躍するスーパーバイジーの姿を描きながら展開することも望まれる．それは単に事例にどのように対処するかではなく，事例のなかで動いている援助者としての

スーパーバイジー自身と，SV のなかで示しているスーパーバイジーとの統合のプロセスといえる．スーパーバイザーは問題解決の答えを先に示すのではなく，探索しているスーパーバイジー自身の歩みに寄り添うことが必要となる．共に歩むとき，スーパーバイザーは，スーパーバイジーが初めの予測よりも，専門職として，また人間として質の高い答えを生み出していくことを発見する．

　中間段階についてガーディナー (Gerdiner, 1987) は3つの局面を挙げている．第1の局面は，スーパーバイジーによって提示されたテーマや内容・課題の概要を明確化し，焦点化が展開するように留意する．第2の局面は，スーパーバイジーの経験を基にスーパーバイジー自身が再構成していくことである．この局面はスーパーバイジーの宝探しのプロセスでもある．第3の局面は，第1，第2の局面では明確になっていなかった独自の学びの方法をスーパーバイジー自身が総合的に見つけ出し，いままでとは異なる見方や捉え方，およびそれを生み出す学び方が，スーパーバイジー自身に培われてくる．

　終結段階では，相互の視点の共有の言語化，振り返りや評価が行われる．また，同時に残された課題や今後の学習の方向性，取り組む意向の再確認が行われる．とりわけスーパーバイジーとスーパーバイザー両者が相互に把握した視点が重要となる．実際の終結には，達成した内容の質だけではなく，その期間を共に終えたという満足感が含まれている．やむを得ない事情でスーパーバイジーが離れざるを得ないときや，スーパーバイザーが継続できない場合には，別離の感情だけではなく，何らかの不全感をもたらすこともある．

　終結段階におけるスーパーバイザー自身の振り返りの問いについてデイビスら (Allyson Davys, et al., 2010) は，以下のように12の質問を例示している．①スーパーバイジーは十分に聞いてもらえたと感じているかどうか，②スーパービジョンが支持的であったかどうか，③スーパーバイジーが反映できるように促したかどうか，④もしも，スーパーバイザーと職場の上司を兼ね合わせていたときに，その境界をはっきりさせていたかどうか，⑤契約はこの時点でも，意味をもっているかどうか．スーパーバイジーが望んでいないことをしたのかどうか，⑥スーパーバイジーは安全だと思っていたかどうか，⑦スーパーバイジーにとって親しみやすかったかどうか，⑧スーパーバイジーに対して，自分の文化や価値を押し付けるようなことはしていなかったかどうか，⑨学ぶ機会として十分に展開できたかどうか，⑩SV の機会を離れるときに，スーパーバイジーはゴールを達成できたと考えているかどうか，⑪どのような領域がさらに向上する必要があるかどうか，⑫スーパーバイジーにどのようなフィードバックをしたいと思っているのか．

　デイビスらの挙げているスーパーバイザー自身の問いは，個人 SV においても，また GSV においても含まれている重要な評価の要素でもある．

スーパービジョン実施上の留意点

個人SV・GSVの両者を含めて，筆者が留意している点を以下に示す．

①スーパーバイジーとの間でSVを行うということを確認できているかどうか？；契約・目的の明確化はどのように？；スーパーバイジーの意欲の相違への考慮は？　短期間？　長期間？　頻度は？；なにを題材や課題として用いるのか？；困難事例や問題となっている事例をどのように用いるか？

②事例をまな板の上に載せない．載るのはスーパーバイジーとスーパーバイザーである；利用者のケアの質を高める目的を深い理解の下で捉えているか？；利用者のケアの質を高めること＝事例検討＝スーパービジョンというつながりを短絡的に捉えていないか？；スーパーバイジーに事例への理解を語ってもらうときにはスーパーバイザーの深い共感と明確な教育的意図があるか？

③スーパーバイジーに肯定的に関わりながら，傾聴しているかどうか？　また，傾聴するだけでなく共感を伝えることができているかどうか？；質問をする際にプレッシャーを感じさせてしまったり，ストレスを与えてしまうことになっていないか？；批判的な言語・非言語・準言語を暗に含んでいないか？；スーパーバイジーとともに成長し，進んでいくことのできる関わりを重視しているか？；賞賛するときや褒めるときには，自然にかつ的確に心の内に言葉がいくつも浮かんでくるか？

④スーパーバイジーの特定の言動・行動・傾向等について，適切に気づきを促すような直面化の質問や応答ができているかどうか？；スーパーバイジーの気づくことはその人の自己決定であり，結果や言語表現だけではなく，プロセスも共に大切であることを心から理解しているか？；気づきはアドバイスや指示からは生まれにくいことを体験的にも理解しているかどうか？；スーパーバイジーの気づきをスーパーバイザーが受け止めたときには，もうスーパーバイジーの歩みは何歩も先にあることを理解しているかどうか？

⑤スーパーバイジーの宝物は，スーパーバイジー自身の過去から現在にわたる数々の経験を振り返り，見直すことにある；スーパーバイザーの経験をそのまま伝達することは，スーパーバイジーの宝物にはならない．

⑥賞賛するときや褒めるときには，自然にかつ的確に心の内に言葉がいくつも浮か

んでくるか？；スーパーバイジーの示す専門職としての高度 理解や適切な行動に対して，具体的に評価を示す ことができているかどうか？；スーパーバイジー自身が自ら歩みを進めていくことのできるような後押し・強化の応答や伝達ができているかどうか？

⑦スーパーバイジーが立ち止まるとき，語ることを留まったとき，沈黙のとき，少し長い空白のときは，なにかが転換を迎えている機会でもある；スーパーバイジーに無理に焦って語ることを促すことはしない，焦りはスーパーバイザー側にあり；待つ，それも十分に長く，静かに落ち着いて待つ．

⑧SV は，いつでもスーパーバイジーとスーパーバイザー両者にとって得難い学びのときである．SV は，OJT (On-the-Job Training；業務内の教育訓練)，メンタリング，コーチング，コンサルテーションなどと同様に人材育成の方法の 1 つであるが，スーパーバイジーとスーパーバイザーが共に学び合う過程でもある．

⑨事例検討＝SV という捉え方が多くなされており，事例検討も SV も大切な実践上の課題であるところから，両者を混同せずに明確に行える実践力が必要となる．

　SV の意義・役割について，従来の理論と SV の新展開を検討した．また，スーパーバイザーとスーパーバイジーの関係性，SV の諸形態とその内容の概略を示した．SV は 1 回のみの場合もあるが，基本的には継続的なスーパーバイジーとスーパーバイザーの信頼関係を基に展開し，準備段階・開始段階・中間段階・終結段階という 4 つの継続する過程が指摘される．それぞれの段階の要点を理解することは，有効な SV を導くことにつながる．SV は，専門職の価値観・倫理を基盤とし，その所属組織や領域の相違を超えて，普遍的な専門職アイデンティーを確立するために行われる．さらに，在宅ケアにおける SV の複層性・多面性は，本稿で示したような SV の基礎的な理解のもとに，現状に適する多様な実践方法や形態を開発する際の焦点となると考えられる．SV の歴史や理論的展開においても，複層性や多面性に焦点を置く SV は，確立されていない．単一の専門職に対する SV と複層性や多面性を重視する SV も含めて，SV を文化として醸成していくことが望まれる．

注) 本章は，野村豊子ほか (2016)「リーダーケアマネジャーのスーパービジョンにおける意義と課題」『日本福祉大学社会福祉論集』，第 135 号，野村豊子 (2017)「ソーシャルワーク・スーパービジョンとは何か」『保健の科学』59 巻，野村豊子 (2019)「スーパービジョンの基礎的理解—近年の新しい展開を含めて—」『日本在宅ケア学会誌』22(2)，を基に執筆している．

【文　献】

Carpenter, J., Webb, C., Bostock, L., & Coomber, C. (2012) Effective Supervision in Social Work and Social Care, London: SCIE.

Carroll, M. (2013) Supervision: A Journey of Lifelong Learning. In Robin Shohet (Ed.), Supervision as Transformation: A Passion for Learning. Jessica Kingsley Publishers

Davys, A, L, Beddoe (2010) Best Practice in Professional Supervision: A Guide for the Helping Professions, Jessica Kingsley Publishers.

Gardiner, D. (1989) The Anatomy of Supervision : Developing Learning and Professional Competence for Social Work Students : Open University Press.

Kadushin, A. (1976) Supervision in Social Work. Columbia University Press.

北島英治（2015）「ソーシャルワーク・スーパービジョンの機能と役割」日本社会福祉教育学校連盟監修『ソーシャルワーク・スーパービジョン論』中央法規出版.

Kolb, D.A. (1984) Experiential Learning: Experience as the Source of Learning and Development, Englewood Cliffs, NJ: Prentice Hall.

Morrison, T. (1993) Staff Supervision in Social Care: An Action Learning Approach. Longman (UK), Pavilion Publishing (Brighton) Ltd.

Morrison, T. (2005) (Third edition) Staff Supervision in Social Care: Making a Real Difference for Staff and Service Users. Pavilion Publishing and Media Ltd.

Munson, C.E. (2002) Handbook of Clinical Social Work Supervision (3rd ed.). Routledge.

Munson, C.E. (1981) Style and Structure in Supervision, Journal of Education for Social Work, 17(1), pp. 65-72.

野村豊子（2015）「ソーシャルワークにおけるスーパービジョン文化の醸成」日本社会福祉教育学校連盟監修　『ソーシャルワーク・スーパービジョン論』中央法規出版.

野村豊子（2015）「スーパーバイジー・スーパーバイザーの関係性」　前掲書.

Pritchard, J. (Ed.) (1988) Good Practice In Supervision: Statutory And Voluntary Organisations, Jessica Kingsley Publishers.

Robinson, V.P. (1936) The Dynamics of Supervision under Functional Controls: a Professional Process in Social Casework. Philadelphia: University of Pennsylvania Press.

Wannacott, J. (2012) *Mastering Social Work Supervision*. London: JKP.

Wannacott, J. (2014) *Developing and Supporting Effective Staff Supervision*. Brighton: Pavilion.

スーパービジョンを辞書から紐解く

その1　スーパーバイザーをsuperviserではなくsupervisorと綴る背景

　スーパーバイザーを英語で綴ると，superviserではなくsupervisorである．英語では「〜する人やもの」を表す接尾辞として，-erのほかに -or, -ar, -ee, -an, -en, -ant, -ist, -ant, -ent等が用いられる．supervisorが -orである背景として，ラテン語に由来する語であること，また専門性の高さが語自体に含まれていることが考えられる．

　アメリカの英英辞典の老舗の出版社Merriam-Websterのサイトにて，ごく最近'Advisor' vs. 'Adviser'：Who Will Win? と題し，アドバイザーの英語表記にadviserとadvisorの両方があることについて，日常の何気ない疑問として取り上げている．発音による違いはない．Merriam-Webster Onlineによると，adviserとadvisorはともに「アドバイスをする人」を指し，両者とも1500年代には用いられているが，adviserの方がadvisorよりも数十年先に現れていた．また，接尾辞 -orはラテン語系．接尾辞 -erはゲルマン系の語を由来とし，オンライン上ではadviserの方が圧倒的に多く使われているらしい．それぞれの用語の魅力としては，adviserはadviseとadviceの最後の文字のeを留めているところ，advisorはsupervisor，またadvisoryやsupervisoryと語呂がよいところが指摘されている．両者とも適切ではあるが，人によってはadvisorの方が，より形式的な印象のあることに加えて，役職や肩書を示唆するときに用いられる傾向があるという．これは筆者の留学経験からも体験的にいえると思われる．

　英語語義語源事典（2004）によれば，「アドバイスする」という動詞adviseは，古フランス語avis (advice) から派生したaviser (to consider) が中英語に入ってきたもので，語源を辿るとラテン語ということになる．advisorについては，研究社の英語語源事典（2013）では，「（米）で一般的なadvisorはadvisoryからの逆成またはラテン語advisorの借入」と記されている．同英語語源事典によると，中英語において「-orは，しばしばフランス語・英語本来の代用（e.g.：bachelor, chancellor; sailor）または併用されるが，併用の場合には，-orのほうが法律的・専門的意義をもつことがある（e.g. adviser−advisor）」とある．

　Merriam-Webster Onlineに記載のものと合わせてみると，英語におけるadvisorという語の成り立ちと背景には，専門分野や専門職の発展と認識が広まったことが1つの見方として浮かんでくる．advisorという綴りがより専門的で役職や肩書に

おいて用いられる傾向や adviser の後に advisor が世に出てきたのも自然の流れと捉えられよう．これらの諸説は現在も発展し続けている．たとえば，ロングマン現代英英辞典の 1990 年発行の第 2 版では，見出し語は，adviser のみであったが，いつの時点からか第 6 版では advisor が adviser と並記されていることからも，その変化している状況を物語っている．

【文　献】

英語語義語源事典 (2004). 小島義郎, 岸曉, 増田秀夫, 高野嘉明他 (編). 三省堂.

英語語源事典 (縮刷版) (2013). 寺澤芳雄 (編). 研究社.

研究社新英和大辞典 第 4 版 (1960). 岩崎民平, 河村重治郎 (編集主幹). 研究社.

研究社新英和大辞典 第 6 版 (2018). 竹林滋 (編集代表). 研究社.

Longman Dictionary of Contemporary English (2nd ed.). (1990). Harlow, UK: Pearson Education Limited.

Longman Dictionary of Contemporary English (6th ed.). (2017). Harlow, UK: Pearson Education Limited.

Merriam-Webster (https://www.merriam-webster.com/). 'Advisor' vs. 'Adviser': Who Will Win? (閲覧日時 6 月 16 日 2019).

スーパービジョンを辞書から紐解く

その2　見出し語としての推移から辿る supervisor

　辞書や辞典を引く際に手がかりとなり，アルファベット順に辞書に太字等で見やすいように強調して記されている項目を見出し語という．すべての語が見出し語として記載されるのではなく，複合語や派生語の場合，その構成要素から意味が想定できるようなものは見出し語としては記されないこともある．たとえば，助動詞の can と缶を表す can のように，同じ綴りでも語源が異なる場合，別項目として見出し語に記される．またたとえば，カウンセラー（counselor [米]，counsellor [英]）のように，アメリカとイギリスで綴りが異なるような場合は同じ項目として記される．見出し語には，表記そのものに語源等を辿る豊かな情報が含まれている．

　supervise, supervisor, supervision の語は，どのように記されているだろうか．手元にあるいくつかの辞典を引いてみた．1960 年出版の研究社新英和大辞典では，supervision に続いて supervisor と supervise の見出し語が記されている．1994 年出版の研究社新英和中辞典を開いてみると，同じように supervisor が supervise, supervision に続いて並ぶ．

　1990 年に出版されたイギリスのロングマン現代英英辞典第 2 版では，supervise に続いて supervision の見出しがあるが，supervision の次はというと supervisor の見出しはない．supervisor は見出し語 supervise の情報として，supervise から派生した名詞であるとの記載に限られている．2017 年発行のロングマン現代英英辞典第 6 版では，supervise, supervision, supervisor のいずれもが見出し語として並んでいる．第 6 版は，かつて 3,000 語であった見出し語が上級英語学習者向けに 9,000 語に増え，会話と書き言葉のそれぞれについて活用度や活用場面の情報が記述されていることを特徴とする．使用頻度の高い 9,000 語を，英語を学ぶ上で押さえておきたい最重要語と位置付け，3 つの頻度区分（高: 上位 6,000 単語; 中: 上位 3,000～6,000 単語; 低: 上位 6,000～9,000 単語）も表示されている．

　興味深いのは，supervise, supervision, supervisor の 3 者が，この 9,000 語のなかに挙げられていることである．supervisor は，someone who supervises a person or activity（人または活動をスーパーバイズする者）と動詞 supervise を用いて，あえて語義がシンプルに記されている印象である．supervise の語義に関しては，2つ前の見出し語である supervise により具体的に記されている．自然と目は，supervisor

から supervise に遡るよう誘導されることからも，supervise, supervision, supervisor の 3 者がそれぞれに見出し語として記載されていることは存在感が大きいといえよう．これはまた本という形態ならではの辞典の愉しみでもあろう．第 2 版から第 6 版に刊行が進むなかで，どの時点において 3 者が見出し語として記されたものであるかは今後みていきたいが，25 年近くの間に，supervisor という語や，その存在の認識が広範に取り上げられ，使用される状況があるのではないかと考えられる．見出し語としての推移から辿ってみると，辞典に記載されている文字情報を含めて，さまざまな時点における特徴を知る手がかりともなる．

【文　献】

英語語義語源事典 (2004). 小島義郎，岸曉，増田秀夫，高野嘉明他 (編). 三省堂.

英語語源事典 (縮刷版) (2013). 寺澤芳雄 (編). 研究社.

研究社新英和中辞典 第 6 版 (1994). 竹林滋，吉川道夫，小川繁司 (編). 研究社.

研究社新英和大辞典 第 4 版 (1960). 岩崎民平，河村重治郎 (編集主幹). 研究社.

研究社新英和大辞典 第 6 版 (2018). 竹林滋 (編集代表). 研究社.

Longman Dictionary of Contemporary English (2nd ed.). (1990). Harlow, UK: Pearson Education Limited.

Longman Dictionary of Contemporary English (6th ed.). (2017). Harlow, UK: Pearson Education Limited.

スーパービジョンを辞書から紐解く

その3　supervise の語源にみる時間的・空間的な拡がり

　英語語義語源事典（2013）によると，supervision と supervisor ともに supervise の派生語で，supervise は中世ラテン語 supervidere（= to look over; super- over + videre to see）を起源とする．look over は，見わたすことで，そこから，ひと通り目を通す，調べるなどの意味が広がる．over は「〜の上方に，〜の向こう側に，〜を越えて」と位置的・運動的（動的）な広がりを表し，そこから時間的・空間的な広がりにまでをも表す．ミュージカル映画『オズの魔法使い』のテーマソング Over the Rainbow（虹の彼方に）の歌詞 Somewhere over the rainbow bluebirds fly … にあるように，イメージとしては点よりも弧を描く感じで捉えられる．のびやかな歌声にのせて，虹を越えた向こう側へと，虹の先にも広がる光景と移動という動的側面により空間的なつながりと時間的な推移と連続性が推察される．

　羅和辞典（2009）には，videre とは 見る，展望する，注視する・観察する，目撃する，会いに行く，感知する，（心の目で）知覚する，予見する，調査する・考察する，用心する，取り計らう等実にたくさんの語義が記されている．視覚情報として捉える目の働きや視線を基に情報を「心の目」と深層的にも処理するところまで及んでいる．日本語の「みる」と同じように，自然に視覚に入る see から，意識的に視線を向ける look，そして，見守る（動いているものをみる）watch（研究社新英和大辞典 2018）と英語における「みる」を包括しているような動詞である．

　実際に，オックスフォード類語辞典（1991）で supervise をひくと，上述の動詞が oversee, overlook, watch (over) と冒頭に並び，続いて manage, run, control, superintend, govern, direct, be in or have charge of, handle, keep an eye on, administer と記されている．ロングマン現代英英辞典（2017）には，"to be in charge of an activity or person, and make sure that things are done in the correct way" とある．訳としては，「活動や人に対して責任を担い，物事の成り行きを見届けること」というように，活動と人に対する位置的な関係に加えて，先述の動的・時間的な広がりという，言い換えれば物事を広く展望する視点を含む語義が記されている．さらに，語義の and の前にカンマ（,）があることで，and の前と後で記されていることは個別ではなく，連続する密接な関係があることを示唆している．このカンマを見落としてしまうと，上述の全体的な視点は伝わってこないであろう．

英和辞典に目を移すと，研究社新英和大辞典 第4版（1960）では，supervise について「監督する，指図する（oversee, superintend）」とともに，本コラムの冒頭に述べたものと同じ語義語源が記されている．より最近の第6版（2018）には，supervise は「1. 監督する，指揮する，指図する，指示する（oversee）」に加えて「2.《廃》詳しく調べる，精読する（peruse）」とされており，かつては使われていたが，いまは用いられていない廃語としての記載がある．さまざまな辞典の記載により supervision の全体像を把握すると，先述の広く見わたすことに加えて，細かな部分まで注意深くみることも根底にあったことがうかがわれる．

【文　献】

英語語義語源事典（2004）. 小島義郎，岸曉，増田秀夫，高野嘉明他（編）. 三省堂.

英語語源事典（縮刷版）(2013). 寺澤芳雄（編）. 研究社.

研究社新英和大辞典 第4版（1960）. 岩崎民平，河村重治郎（編集主幹）. 研究社.

研究社新英和大辞典 第6版（2018）. 竹林滋（編集代表）. 研究社.

Longman Dictionary of Contemporary English (2nd ed.). (1990). Harlow, UK: Pearson Education Limited.

Longman Dictionary of Contemporary English (6th ed.). (2017). Harlow, UK: Pearson Education Limited.

羅和辞典 改定版（2009）. 水谷智洋（編）研究社.

The Oxford Thesaurus: An A-Z Dictionary of Synonyms (1991). Laurence Urdang (Ed.). Oxford University.

スーパービジョンの 6W1H

　スーパービジョンの概要について，切り口を 6W1H に沿ってみることができる（野村，2015）．すなわち，WHAT（スーパービジョンとはなにか），WHO（だれがスーパービジョンを行うのか），WHOM（だれに対してスーパービジョンを行うのか），WHEN（いつスーパービジョンを行うのか），WHERE（どこでスーパービジョンを行うのか），WHY（なぜスーパービジョンを行うのか），HOW（どのようにスーパービジョンを行うのか）という 7 つの切り口である．WHAT は，スーパービジョンの目的や定義であり，WHO と WHOM は両者が対になっており，スーパーバイジーとスーパーバイザーの役割や関係性である．WHEN については，定期か不定期か？　頻度・時間はどれくらいか？　1 回の終了後のフォローアップの実施は？　など多くの要素が含まれている．WHERE に関しては，守秘義務が保たれ，落ち着くことができる場所が必須である．WHY はスーパービジョンの意義や効果への検討をすることである．HOW は，スーパーバイザーの価値観，知識，適切な技術の裏づけを必要とする．

　以下は，6W1H に関して筆者の研修に参加した福祉実践者の方々の提示例である．
What：「スーパーバイジーが意図的に問題に対して気づき，自ら問題解決をし，方向性を見いだしていけるように共に歩みながら支える」「スーパーバイザーがスーパーバイジーの振り返りを促し，見つめ直す機会をつくる．スーパーバイジーは専門職として，また人間として，自分の得た経験を現在につなげる」「スーパーバイザー，スーパーバイジー共にスーパービジョンを意識することが必要である」「スーパーバイジーとスーパーバイザーの関係性は，信頼関係に裏づけられ，基本的にポジティブなものである．」
Where：「職場内もしくは職場外．プライバシーが守られる場所で，落ち着いて話ができる場所．利用者や部外者に話しがもれないような場所．会議室等の活用．」
When；「相互に時間的にゆとりがあり，加えて精神的に考えるゆとりがあるとき」「スーパーバイジーから相談されたときが開始の機会」「スーパーバイザーから定期的に」「きっかけはスーパーバイザーがスーパーバイジーになにか気になることを感じたとき，あるいは，他者から特定の人物に対し何かしら報告があったとき．」「スーパービジョンの継続性を重視．」
Who，Whom：「スーパーバイザーは相手を育て成長を願い，かつ共に成長したい

と思う人であり，スーパーバイジーは悩みや問題を解決したいと思い，自分自身が成長したい人」「具体的には上司が部下に，主任が経験の浅い新人に，同僚が同僚に行うなどの多様な場合が考えられる」「職場内のスーパーバイザーか，もしくは職場外のスーパーバイザーか.」

Why：「共感を基に，自己と相互の成長を促進するため」「スーパーバイジーのストレスを軽減し，スーパーバイジーの自信を高めるため」「スーパーバイジーとスーパーバイザーの双方が人間的にも専門職としても成長していくために」「1人ひとりの成長が事業所の成長につながり，社会の成長にもつながる.」

　スーパービジョンの 6W1H という切り口は，スーパービジョンについて基礎的な理解のオリエンテーションが必要な際や，スーパービジョンの理解度を自らが確かめていくときに具体的に見直すことを促進する視点としても有用である.

【文　献】
野村豊子（2015）「ソーシャルワークにおけるスーパービジョン文化の醸成」日本社会福祉教育学校連盟監修『ソーシャルワーク・スーパービジョン論』中央法規出版.

高齢者の尊厳とスーパービジョンにおけるパラレル関係

　スーパーバイジーの戸惑い，不安の軽減には認知症高齢者の思いを理解する自らの枠組みへの振り返りと省察が課題となる場合も多い．たとえば，次のように認知症高齢者の人の状況や視点から見た思いである（野村，2010）．

①慢性的な不快感は，常にもの忘れがある状態で，「ど忘れ」の状態が途切れることなく続いたものであり，そのように考えると不快な気分がはれることができない様子を表している．

②状況の判断ができないということは，その人の判断力が低下し，自分がどこにいてだれなのかわからないなどの見当識障害があるため，自分がどのようにすればよいのかがわからない状態を意味する．帰宅願望もこの見当識障害が原因となり，自分の現在の居心地の悪さや，どこにいけばよいかわからない不安を遠い昔のいちばん大事な家や人を示すことで表現しているものであるといわれている．

③うつ状態は自分ができなくなっている感覚があるため，自信を失いやすい状況を表している．

④被害感は自分ができなくなったことを完全に自覚できなくて，周囲にそのことを指摘されることにより，被害的な感情を抱きやすくなる．

⑤作話はもの忘れや判断力の低下を無意識に補うために行う行為でもあり，もの盗られ妄想として現れる．

⑥感情の易変性は注意力や集中力が低下するので通常は環境が変化しても対応できている人でもちょっとした環境の変化にも左右されやすくなることを示している．

　上述のような行動状況や自らの視点の見直しは，スーパービジョン場面において，理論や方法を学ぶだけではない．スーパーバイザーは，スーパーバイジーの見方や考え方，思いをよき聴き手として充分に耳を傾けて聴く．スーパーバイジーは，援助している相手の高齢者の行動や思いを真摯に理解したいと努めながらも，即座に対応しなければならない焦り等によって，自らの至らなさを体験しているかもしれない．スーパーバイザーがスーパーバイジーの後悔やジレンマをしっかりと受け止めるときに，スーパーバイジーとスーパーバイザーの間に通い合う深い信頼関係は，スーパーバイジーが高齢者の人との関係において，自らの，また相互の尊厳がもっとも重視される体験として，刷り込みのように生かされる．第1章で述べたスーパービジョンにおけるパラレル関係の具体的な1つの例といえる．

【文　献】
　野村豊子（2010）コミュニケーション技術，ミネルヴァ書房．

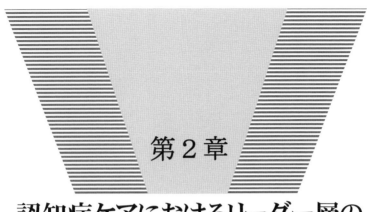

第 2 章

認知症ケアにおけるリーダー層の スーパービジョンに関する 意識と課題

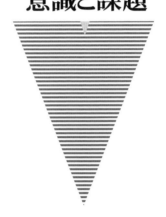

リーダー層に求められるスーパーバイザーの役割

　今日の高齢者ケアの現場では，入居している 90 パーセント以上の利用者は，何らかの認知症の症状がみられる方である (厚生労働省：2017)．認知症ケアを行う専門職は，認知症高齢者が安心して生活が送れるよう，質の高いケアを提供していくことが求められている．

　認知症ケアが実践されている現場では，認知症ケアに関する専門的な知識を身につけている専門職を確保することが難しい現状である．2015 年度介護労働実態調査では，職員採用の約 8 割は中途採用で，そのうちの 6 割は介護分野以外での仕事を経験している人であることが明らかになっている (介護労働安定センター：2016)．このことから，認知症ケアに関する専門的知識を身につけていない専門職が多くなってきているといえる．認知症ケアが実践されている現場において，質の高い認知症ケアを提供していくためには，専門職として認知症ケアの専門的知識を習得する取り組みを行っていくことが必要である．その取り組みとしてスーパービジョン (以下, SV と略) を展開していくことが必要であるといえる．

　認知症ケアの専門的知識を習得するために SV を展開していくなかで，重要な役割を担っている専門職として考えられるのが，認知症介護指導者 (以下,「指導者」と略) である．指導者とは，認知症介護研究・研修センター (東京・仙台・大府) が実施している認知症介護指導者養成研修 (以下,「指導者養成研修」と略) 修了者であり，全国で約 2,400 名が指導者養成研修を修了し，そのうちの約 8 割が指導者として活動を行っている (山口ら：2018)．指導者養成研修は「介護保険施設・事業者等における介護の質の改善について指導することができる者を養成する」ことを目的としている．指導者の人物像について，「認知症ケアの質向上のために，適切なアドバイスができる」ということが明記されている．このことから，認知症ケアにおいてリーダー的な役割がある指導者には，スーパーバイザーとしての役割が期待されている．

　以上のことから，認知症ケアの質向上を目指していくためには，SV を展開していくことが重要である．そのためには，リーダー的立場であり，スーパーバイザーでもある指導者の役割が重要になってくるといえる．

認知症ケアにおけるリーダー層の
スーパービジョンに関する現状

　本章では，指導者を対象としたSVに関する実態調査結果を基に，認知症ケアにおけるSVに対する現状を明らかにしたうえで，認知症ケアにおけるリーダー層としてのSVの課題について検討する．

　認知症介護研究・研修大府センターの指導者研修を2018年8月までに修了した736名を対象に，郵送法によるアンケート調査を実施し，193名の指導者から回答を得た（回収率：26.2%）．調査期間は，2018年11〜12月である．

　本調査で用いた質問内容は，基本属性（職種，おもなバイジーについて），SVへの取り組み状況，SVの実践状況，スーパーバイジーの課題，スーパーバイザーとしての課題，SVを行ううえでの課題，SVを行ううえでの留意点，職場における認知症ケアの評価についてである．

認知症ケアにおけるスーパービジョンの課題

1. スーパーバイザーの立場とおもなスーパーバイジーについて

　認知症ケアを行う介護現場においてSVを実施する場合，スーパーバイザーの立場をみたところ，管理職としての立場でSVを実施している指導者がいちばん多いことがわかった．

　SVを行ううえで対象となるスーパーバイジーについてみたところ，新人職員や施設職員など【介護職】を対象としてSVを実施していることがもっとも多く，次いで【リーダー職】，【管理職】を対象としていることがわかった．

　おもなスーパーバイジーの内訳は，

　　【管理職】は，管理者，事業所管理者，施設長，

　　【リーダー職】は，介護職長，介護主任，フロアリーダー，

　　【相談職】は，生活相談員，

　　【看護職】は，看護師，

　　【その他】は，利用者家族，研修受講生，チーム，であった（表Ⅱ-1）．

　このことから，指導者は現場をまとめる立場としてSVを実施しているため，さまざまな職種のスーパーバイジーにSVを実施している傾向にあると考えられる．

表Ⅱ-1．おもなスーパーバイジーについて

	n	%	おもなバイジー（例）
管理職	33	18.2	管理者，施設長，事務所管理者，中間管理職，課長，所長
リーダー職	58	32.0	介護職長，介護主任，フロアリーダー，ユニットリーダー，スタッフリーダー，サブリーダー，他法人の管理者
相談職	6	3.3	生活相談員
ケアマネジャー	18	9.9	ケアマネジャー，施設ケアマネジャー
看護職	5	2.8	看護師
介護職	93	51.4	新人職員，施設職員，併設施設の職員，部下
その他	5	2.8	研修受験生，家族，チーム

2．スーパービジョンの取り組み状況について

　SV の取り組み状況について見てみると，ほとんどの指導者が何らかの形で，SV を事業所内で実施していることがわかった．SV を実施形態のついて見てみると，個別 SV がいちばん多く，次いでグループスーパービジョン（以下，GSV と略），事例検討会では SV が多かった．

　また SV を開催している頻度については，各形態とも「半年に 1 回以上」が約 4 割，「1 か月に 1 回以上」は約 2 割であった．

　このことから，スーパーバイザーとして SV を実施することはできているが，常に SV を実施する環境にはなっていないことが考えられる（表Ⅱ-2）．

3．スーパービジョンの実施上の課題

　事業所内の SV の実施状況について見てみると，「スーパーバイジーの認知症ケアを行う専門性としての成長を目指している」，「スーパーバイジーを委縮させることないよう配慮している」等については，SV を行ううえで「頻繁に行っている」「よく行っている」傾向が高いことがわかった．一方，「SV の内容を記録として残している」「スーパーバイジーに対して，SV の目的や具体的な方法について説明している」等については，「行っていない」「あまり行っていない」という傾向が高いことがわかった．

　このことから，事業所内で SV を実施する際には，スーパーバイジーの思いや気持ちなどを受け止め，スーパーバイジーの成長を促すことを心がけながら実施しているが，SV のプロセスや目的，意義，具体的な方法など，SV に関する理解がない状況で SV が実施されている現状であることが考えられる（表Ⅱ-3）．

　SV を実施するうえで，スーパーバイジーに感じる課題について見てみると，「スーパーバイジーのアセスメント能力に課題がある」「スーパーバイジーは，自分の思っていることを適切に整理して話すことが苦手である」「スーパーバイジーの行っているケアマネジメントプロセスが不明瞭である」については，「頻繁にある」「よくある」と感じている傾向が高いことがわかった．

　スーパーバイザー自身の課題について見てみると，「スーパーバイザーとして，SV の経験が十分でないと感じている」「スーパーバイザーである自分自身に，SV を行ううえでの知識・技術が不足している」「SV について学ぶ機会が少ない」については，「頻繁にある」「よくある」と感じている傾向が高いことがわかった．

表Ⅱ-2. スーパービジョンの取り組み状況について

スーパービジョンの方法	1か月に1回以上	半年に3〜5回	半年に1〜2回	半年に1回以下	未実施	n
個別スーパービジョンを実施している	29.1%	19.6%	31.2%	12.7%	7.4%	189
グループスーパービジョンを実施している	22.2%	16.2%	23.2%	18.4%	20.0%	185
ピア・スーパービジョンの実施を支援している	17.9%	16.3%	22.0%	26.0%	17.9%	123
事例検討を行うなかでスーパービジョンを実施している	19.8%	15.3%	27.7%	17.5%	19.8%	177

表Ⅱ-3. スーパービジョンの実施状況について

	スーパービジョンで実施している事項	頻繁に行っている	よく行っている	時々行っている	あまり行っていない	行っていない	平均値
行っているもの（上位5つ）	スーパーバイジーの認知症ケアを行う専門職としての成長を目指している	22.3%	40.4%	26.6%	8.0%	2.7%	3.72
	スーパーバイジーを委縮させることがないよう配慮している	17.6%	44.7%	30.9%	5.9%	1.1%	3.72
	スーパーバイジーが，認知症ケアについて理解を深めるよう働きかけている	16.4%	41.8%	36.0%	4.2%	1.6%	3.67
	スーパーバイジーが利用者に接する際，言葉遣いや態度に問題がないか，常に注意している	20.2%	38.3%	30.3%	9.0%	2.1%	3.65
	スーパーバイザーとして，スーパーバイジーの怒りや不安を冷静に受け止めるようにしている	11.7%	40.4%	39.9%	6.4%	1.6%	3.54
行っていないもの（上位5つ）	スーパービジョンの内容を記録として残している	4.3%	8.0%	27.8%	38.5%	21.4%	2.35
	スーパーバイジーに対して，スーパービジョンの目的や具体的な方法について説明している	4.8%	14.4%	36.9%	34.8%	9.1%	2.71
	スーパーバイジーの援助技術（アセスメント，コミュニケーション技術等）を定期的に評価している	3.8%	15.6%	43.5%	31.2%	5.9%	2.80
	スーパーバイジーの業務の適切さや成果を，自分自身で評価できるよう支援している	3.2%	18.7%	44.9%	26.7%	6.4%	2.86
	スーパーバイジーのプランニング技術が向上するための支援を行っている	6.9%	16.9%	39.2%	32.3%	4.8%	2.89

このことから，スーパーバイザーとして，SV に関して学ぶ機会や行う機会が少ないことが，SV に関する知識や技術が足りていないと感じてしまっていることに繋がっており，その結果，スーパーバイジーのケアに対する考え方や思いを引き出すことができていないことに繋がってしまっていると考えられる（表 II-4）.

SV を実施するうえでの職場や周囲の環境の課題について見てみると，SV の記録を取ることができない」「職場の OJT がうまく機能していない」「ケアの方法に問題があるとわかっていても，職員同士が互いに指摘し合うことはない」「職場のなかで，キャリアが浅い職員に対する教育訓練システムが整えられていない」については，「頻繁にある」「よくある」と感じている傾向にあることがわかった. 一方，「利用者ニーズにこたえるために必要な対応と，上司からの指示が異なり，悩むことがある」「職場で，スーパーバイジーが相談しやすい雰囲気をつくることができない」「職

表 II-4. スーパーバイジーの課題，スーパーバイザーとしての課題について

		頻繁にある	よくある	たまにある	ほとんどない	ない	平均値
スーパーバイジーの課題（上位5つ）	スーパーバイジーのアセスメント能力に課題がある	4.3%	27.7%	45.7%	18.6%	3.7%	3.10
	スーパーバイジーは，自分の思っていることを適切に整理して話すことが苦手である	3.7%	23.4%	52.7%	16.5%	3.7%	3.07
	スーパーバイジーの行っているケアマネジメントプロセスが，不明瞭である	3.7%	25.5%	45.7%	20.2%	4.8%	3.03
	スーパーバイジーは，利用者の QOL 向上のための課題分析が十分にできていない	2.7%	20.2%	52.7%	21.3%	3.2%	2.98
	スーパーバイジーは，自分の対応の振り返りができていない	3.2%	22.9%	42.0%	27.7%	4.3%	2.93
スーパーバイザー自身の課題（上位5つ）	スーパーバイザーとして，スーパービジョンの経験が十分でないと感じている	18.6%	28.7%	43.1%	8.0%	1.6%	3.55
	スーパーバイザーである自分自身に，スーパービジョンを行ううえでの知識・技術が不足している	14.4%	34.2%	39.6%	10.7%	1.1%	3.50
	スーパービジョンについて，学ぶ機会がすくない	11.7%	38.3%	26.6%	17.0%	6.4%	3.32
	スーパービジョンの経過をどのように記録したらよいかわからない	9.1%	29.9%	36.9%	20.3%	3.7%	3.20
	スーパーバイジーの気づきや省察を促すことが難しい	5.3%	28.9%	47.6%	16.0%	2.1%	3.19

場のなかで,新人教育の担当者が明確になっていない」については,「ほとんどない」「ない」と感じている傾向にあることがわかった.

　このことから,相談しやすい雰囲気や教育担当者が明確になっているなど,SVを実施する体制は整っているが,SVを実施するためのシステムがうまく機能できていない現状になっていると考えられる（表Ⅱ-5）.

　職場内でSVを行う際に心がけていることについて見てみると,「スーパーバイジーが相談しやすい職場の環境作りを心がけている」「ケアの内容が,職務上の地位によって左右されることがないよう心がけている」「スーパーバイジーと上司の関係や,スーパーバイジー間の関係について常に配慮し,職場のコミュニケーションが良好であることを目指している」「スーパーバイジーが,スーパーバイザー以外の関係者へ相談したり,アドバイスをうけたりすることを奨励している」については,「頻繁にある」「よくある」と感じている傾向にあることがわかった.一方,「事業所の事業計画のなかに,SVの目的・意義・方法を明確に位置づけている」「職場全体でSVの意義が理解できるように配慮している」「スーパーバイジー間のピアSVの実践を支援している」「職場のなかで,スーパーバイジーとスーパーバイザー,それぞれの役割を明確にするように心がけている」については,「ない」「ほとんどない」と感じている傾向にあることがわかった.

　このことから,スーパーバイジーが相談しやすい環境になるよう心掛けているが,その相談を,SVを通じてスーパーバイザーやスーパーバイジー同士で考えていく仕組みにはなっていない現状にあることが考えらえる（表Ⅱ-6）.

表 II-5.　スーパービジョンを実施するうえでの課題について

	頻繁にある	よくある	たまにある	ほとんどない	ない	平均値
スーパービジョンの記録を取ることができない	14.4%	29.9%	30.5%	19.8%	5.3%	3.28
職場の OJT がうまく機能していない	8.5%	23.8%	51.3%	14.8%	1.6%	3.23
ケアの方法に問題があるとわかっていても，職員同士が互いに指摘し合うことはない	5.9%	28.2%	43.1%	19.1%	3.7%	3.13
職場のなかで，キャリアが浅い職員に対する教育訓練システムが整えられていない	8.5%	25.4%	33.9%	25.9%	6.3%	3.04
職場内にスーパービジョンの必要性を認める伝統や価値観がない	8.5%	23.9%	33.0%	27.1%	7.4%	2.99
医療や介護などの関係者間で，目的や方法に違いがあり，対応に苦慮することがある	4.8%	19.1%	46.3%	22.9%	6.9%	2.92
職場全体の研修システムが整っていない	7.4%	25.0%	31.4%	23.9%	12.2%	2.91
職場には，職員同士がゆっくりと落ち着いて話し合う雰囲気がない	4.8%	21.3%	35.6%	30.3%	8.0%	2.85
ケース検討において，議論の内容ではなく，発言者の組織上の地位で物事が決まることがある	5.8%	16.9%	41.8%	26.5%	9.0%	2.84
スーパーバイジーの人数が多いために，適切なスーパービジョンを行うことができない	5.3%	19.6%	35.4%	32.8%	6.9%	2.84
職場内に事なかれ主義の雰囲気があり，問題が生じている	2.6%	18.5%	41.3%	31.2%	6.3%	2.80
職場内でのお互いの信頼関係が不十分である	1.6%	12.8%	48.4%	33.0%	4.3%	2.74
職場のなかで，新人教育の担当者が明確になっていない	6.3%	20.6%	25.9%	30.2%	16.9%	2.69
職場で，スーパーバイジーが相談しやすい雰囲気を作ることができない	1.1%	12.9%	36.6%	45.2%	4.3%	2.61
利用者ニーズにこたえるために必要な対応と，上司からの指示が異なり，悩むことがある	3.7%	13.3%	35.1%	34.6%	13.3%	2.60

表Ⅱ-6. スーパービジョンを行う際に心掛けていること

	頻繁にある	よくある	たまにある	ほとんどない	ない	平均値
スーパーバイジーが相談しやすい職場の環境づくりを心がけている	16.0%	54.0%	25.7%	3.7%	0.5%	3.81
ケアの内容が，職務上の地位によって左右されることがないよう心がけている	15.4%	50.5%	29.8%	3.7%	0.5%	3.77
スーパーバイジーと上司の関係や，スーパーバイジー間の関係について常に配慮し，職場のコミュニケーションが良好であることを目指している	14.4%	46.8%	31.4%	5.9%	1.6%	3.66
スーパーバイジーが，スーパーバイザー以外の関係者へ相談したり，アドバイスを受けたりすることを奨励している	13.8%	43.6%	34.6%	5.9%	2.1%	3.61
職場のなかで，スーパーバイジーとスーパーバイザー，それぞれの役割を明確にするように心がけている	2.7%	20.7%	41.5%	26.6%	8.5%	2.82
スーパーバイジー間のピア・スーパービジョンの実施を支援している	4.3%	21.3%	34.0%	26.6%	13.8%	2.76
職場全体でスーパービジョンの意義が理解できるよう配慮している	2.1%	13.3%	48.4%	29.3%	6.9%	2.74
事業所の事業計画のなかに，スーパービジョンの目的・意義・方法を明確に位置づけている	1.1%	14.4%	33.5%	27.1%	23.9%	2.41

認知症ケアスーパービジョンの評価

1. 認知症ケアの評価とスーパービジョンとの関係

　職場で実践されている認知症ケアの評価について見たところ,「非常に効果的」が4.2%,「効果的」が21.6%,「概ね効果的」が50.0%,「一部問題あり」が20.0%,「かなり問題あり」が4.2%であった（図Ⅱ-1）.
　SVの取り組みの状況と職場における認知症ケアの評価の関係についてみたところ,「個別SV」「GSV」の取り組みは,「ピアSV」「事例検討会」の取り組みよりも,職場における認知症ケアの評価を上げることに繋がっていることがわかった.
　このことから,SVの取り組みを行うことは,職場内における認知症ケアの評価に大きく影響していることが考えられる（表Ⅱ-7）.

2. スーパーバイザーの立ち位置と自己評価

　スーパーバイザーの立場とスーパーバイザーとしての課題と感じている上位5項目との関係性についてみたところ,「スーパーバイザーとして,SVの経験が十分でないと感じている」「スーパーバイジーの気づきや省察を促すことが難しい」の2

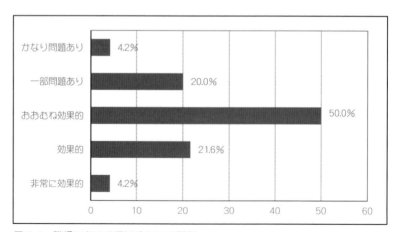

図Ⅱ-1. 職場における認知症ケアの評価

表Ⅱ-7. スーパービジョンの取り組みの状況と認知症ケアの評価との関係

		かなり問題あり	一部問題あり	概ね効果的	効果的	非常に効果的	合計	
個別スーパービジョン	実施していない	28.6%	35.7%	28.6%	7.1%	0.0%	14	X²=26.4 df=4 p＜0.001
	実施している	2.3%	18.9%	52.0%	22.3%	4.6%	175	
	合計	8	38	95	40	8	189	
グループスーパービジョン	実施していない	10.8%	32.4%	45.9%	5.4%	5.4%	37	X²=13.5 df=4 p＜0.01
	実施している	2.7%	17.6%	50.0%	25.7%	4.1%	148	
	合計	8	38	91	40	8	185	
ピア・スーパービジョン	実施していない	7.4%	23.5%	48.1%	17.3%	3.7%	81	n.s.
	実施している	2.0%	18.8%	49.5%	24.8%	5.0%	101	
	合計	8	38	89	39	8	182	
事例検討会	実施していない	11.4%	25.7%	48.6%	8.6%	5.7%	35	n.s.
	実施している	2.7%	19.5%	49.7%	24.2%	4.0%	149	
	合計	8	38	91	39	8	184	

項目については，他の項目と比べ，課題であると感じている傾向が強いことがわかった．この2項目の傾向を見てみると，リーダー職・介護主任・相談職の立場でSVを実施しているスーパーバイザーに強く課題であると感じている傾向にあることがわかった（表Ⅱ-8）．

　このことから，さまざまな職員と関わる立場としてSVを実践するなかで，自身の行ったSVに対する成果や達成感を感じられないことが，SVに対する経験不足や難しさを感じてしまうことに結びついてしまっていると考えられる．

3. スーパーバイザーからみるスーパーバイジーの傾向

　スーパーバイザーの立場とスーパーバイジーの課題として感じている上位5項目との関係性についてみたところ，「スーパーバイジーは，自分の思っていることを適切に整理して話すことが苦手である」の項目は，他の項目に比べ課題と感じている傾向が強いことがわかった．この項目の傾向を見てみると，リーダー職の立場でスーパービジョンを実施するスーパーバイザーは，他の立場でSVを実施しているスーパーバイザー

76　　第2章　認知症ケアにおけるリーダー層のスーパービジョンに関する意識と課題

表II-8.　スーパーバイザーの立場とスーパーバイザーとしての課題との関係性

		ない	ほとんどない	たまにある	よくある	頻繁にある	合計	
スーパービジョンの経過をどのように記録したらよいかわからない	管理職	1.1%	24.7%	36.0%	32.6%	5.6%	89	n.s.
	リーダー職	0.0%	11.1%	44.4%	44.4%	0.0%	9	
	施設長	4.5%	36.4%	36.4%	22.7%	0.0%	22	
	介護主任	5.9%	0.0%	52.9%	23.5%	17.6%	17	
	相談職	7.1%	7.1%	35.7%	28.6%	21.4%	14	
	その他	8.3%	16.7%	30.6%	27.8%	16.7%	36	
	合計	7	38	69	56	17	187	
スーパービジョンについて，学ぶ機会が少ない	管理職	4.4%	17.8%	30.0%	38.9%	8.9%	90	n.s.
	リーダー職	0.0%	0.0%	33.3%	55.6%	11.1%	9	
	施設長	0.0%	22.7%	22.7%	54.5%	0.0%	22	
	介護主任	11.8%	11.8%	5.9%	47.1%	23.5%	17	
	相談職	7.1%	14.3%	35.7%	21.4%	21.4%	14	
	その他	13.9%	19.4%	25.0%	25.0%	16..7%	36	
	合計	12	32	50	72	22	188	
スーパーバイザーとして，スーパービジョンの経験が十分でないと感じている	管理職	1.1%	10.0%	50.0%	23..3%	15.6%	90	X²=33.6 df=20 p＜0.05
	リーダー職	0.0%	0.0%	33.3%	66.7%	0.0%	9	
	施設長	0.0%	13.6%	59.1%	13.6%	13.6%	22	
	介護主任	0.0%	5.9%	17.6%	52.9%	23.5%	17	
	相談職	0.0%	7.1%	21.4%	50.0%	21.4%	14	
	その他	5.6%	2.8%	38.9%	22.2%	30.6%	36	
	合計	3	15	81	54	35	188	
スーパーバイジーの気づきや省察を促すことが難しい	管理職	1.1%	17.8%	54.4%	21.1%	5.6%	90	X²=39.7 df=20 p＜0.01
	リーダー職	0.0%	11.1%	11.1%	77.8%	0.0%	9	
	施設長	0.0%	27.3%	59.1%	13.6%	0.0%	22	
	介護主任	0.0%	11.8%	35.3%	52.9%	0.0%	17	
	相談職	7.1%	14.3%	28.6%	50.0%	0.0%	14	
	その他	5.7%	8.6%	45.7%	25.7%	14.3%	35	
	合計	4	30	89	54	10	187	
スーパーバイザーである自分自身に，スーパービジョンを行ううえでの知識・技術が不足している	管理職	0.0%	10.1%	49.4%	27.0%	13.5%	78	n.s.
	リーダー職	0.0%	11.1%	22.2%	66.7%	0.0%	9	
	施設長	0.0%	22.7%	50.0%	18.2%	9.1%	22	
	介護主任	0.0%	5.9%	23.5%	47.1%	23.5%	17	
	相談職	0.0%	14.3%	21.4%	50.0%	14.3%	14	
	その他	5.6%	5..6%	27.8%	41.7%	19.4%	36	
	合計	2	20	74	64	27	187	

と比べ，課題であると感じている傾向が強いことがわかった（表II-9）.

　スーパーバイザーである指導者は，自身がスーパーバイジーとしてスーパービジョンを受けてきた経験をもっている．自身がスーパーバイザーとしてスーパーバイ

表 II-9. スーパーバイザーの立場とスーパーバイジーの課題との関係性

		ない	ほとんどない	たまにある	よくある	頻繁にある	合計	
スーパーバイジーのアセスメント能力に課題がある	管理職	3.3%	22.2%	44.4%	27.8%	2.2%	90	n.s.
	リーダー職	0.0%	22.2%	33.3%	33.3%	11.1%	9	
	施設長	0.0%	9.1%	72.7%	13.6%	4.5%	22	
	介護主任	0.0%	17.6%	47.1%	29.4%	5.9%	17	
	相談職	0.0%	7.1%	42.9%	42.9%	7.1%	14	
	その他	11.1%	19.4%	36.1%	27.8%	5.6%	36	
	合計	7	35	86	52	8	188	
スーパーバイジーンの行っているケアマネジメントプロセスが，不明瞭である	管理職	3.3%	22.2%	44.4%	25.6%	4.4%	90	n.s.
	リーダー職	0.0%	22.2%	33.3%	33.3%	11.1%	9	
	施設長	4.5%	27.3%	50.0%	18.2%	0.0%	22	
	介護主任	0.0%	23.5%	52.9%	17.6%	5.9%	17	
	相談職	7.1%	7.1%	42.9%	42.9%	0.0%	14	
	その他	11.1%	13.9%	47.2%	25.0%	2.8%	36	
	合計	9	38	86	48	7	188	
スーパーバイジーは，自分の思っていることを適切に整理して話すことが苦手である	管理職	0.0%	23.3%	51.1%	20.0%	5.6%	90	X^2=44.8 df=20 p<0.05
	リーダー職	0.0%	22.2%	33.3%	33.3%	11.1%	9	
	施設長	0.0%	4.5%	63.6%	31.8%	0.0%	22	
	介護主任	0.0%	11.8%	58.8%	29.4%	0.0%	17	
	相談職	0.0%	7.1%	57.1%	35.7%	0.0%	14	
	その他	19.4%	11.1%	50.0%	16.7%	2.8%	36	
	合計	7	31	99	44	7	188	
スーパーバイジーは，自分の対応の振り返りができていない	管理職	2.2%	35.6%	38.9%	18.9%	4.4%	90	n.s.
	リーダー職	0.0%	11.1%	44.4%	44.4%	0.0%	9	
	施設長	0.0%	31.8%	50.0%	13.6%	4.5%	22	
	介護主任	0.0%	17.6%	52.9%	29.4%	0.0%	17	
	相談職	0.0%	14.3%	50.0%	35.7%	0.0%	14	
	その他	16.7%	19.4%	36.1%	25.0%	2.8%	36	
	合計	8	52	79	43	6	188	
スーパーバイジーは，利用者 QOL 向上のための課題分析が十分にできていない	管理職	1.1%	26.7%	47.8%	21.1%	3.3%	90	n.s.
	リーダー職	0.0%	22.2%	55.6%	22.2%	0.0%	9	
	施設長	0.0%	31.8%	59.1%	9.1%	0.0%	22	
	介護主任	0.0%	5.9%	76.5%	17.6%	0.0%	17%	
	相談職	7.1%	0.0%	57.1%	35.7%	0.0%	14	
	その他	11.1%	16.7%	47.2%	19.4%	5.6%	36	
	合計	6	40	99	38	5	188	

ジーに関わることと，スーパーバイジーとしてスーパーバイザーと関わってきた経験の違いを感じてしまっていることが，スーパーバイジーに対して課題を感じてしまう結果に繋がっていると考えられる．

スーパーバイジーの立場とスーパーバイジーの課題として感じている上位5項目との関係性についてみたところ，【管理職】をスーパーバイジーとしてSVを実施する際には，「スーパーバイジーの行っているケアマネジメントプロセスが，不明瞭である」ことが課題と感じている傾向が強いことがわかった．【相談職】【ケアマネジャー】【介護職】をスーパーバイジーとしてSVを実施する際には，「スーパーバイジーのアセスメント能力に課題がある」ことが課題と感じている傾向が強いことがわかった．【リーダー職】をスーパーバイジーとしてSVを実施する際には，「スーパーバイジーは，自分の思っていることを適切に整理して話すことが苦手である」ことが課題と感じている傾向が強いことがわかった．【看護職】をスーパーバイジーとしてSVを実施する際には，「スーパーバイジーは，利用者のQOL向上のための課題分析が十分にできていない」と課題と感じている傾向が強いことがわかった(表II-10)．

　このことから，スーパーバイジーが置かれている立場で行わなければならない役割について，SVを通じて出来ていないと感じてしまっていることが，課題を感じてしまうことに繋がっていると考えられる．

　スーパーバイジーの立場とスーパーバイザーとしての課題と感じている上位5項目との関係性についてみたところ，【管理職】【リーダー職】【相談職】をスーパーバイジーとしてSVを実施する際には，スーパーバイザーとして「SVについて，学ぶ機会がすくない」と感じていると傾向が強いことがわかった．【ケアマネジャー】【看護職】【介護職】をスーパーバイジーとしてSVを実施する際には，「スーパーバイザーである自分自身に，SVを行ううえでの知識・技術が不足している」と感じている傾向が強いことがわかった（表II-11）．

　スーパーバイジーが抱えている悩みや課題は，それぞれの置かれている立場によって変わってくる．SVを行うなかで，それぞれが抱えている悩みや課題に向き合うことの難しさが，SVを学ぶ機会が少ない，SVに関する知識・技術が不足しているという課題を感じてしまっていることに繋がっていると考えられる．

表 II-10. スーパーバイジーの立場とスーパーバイジーの課題との関係性

		ない	ほとんど ない	たまに ある	よく ある	頻繁に ある	合計
スーパーバイジーのアセスメント能力に課題がある	管理職	6.1%	15.2%	45.5%	30.3%	3.0%	33
	リーダー職	3.5%	22.8%	52.65	19.3%	1.8%	57
	相談職	0.0%	0.0%	50.0%	50.0%	0.0%	6
	ケアマネジャー	5.9%	17.6%	29.4%	47.1%	0.0%	17
	看護職	20.0%	0.0%	60.0%	20.0%	0.0%	5
	介護職	1.1%	16.1%	47.3%	29.0%	6.5%	93
	その他	0.0%	20.0%	20.0%	60.0%	0.0%	5
スーパーバイジーの行っているケアマネジメントプロセスが,不明瞭である	管理職	0.0%	18.2%	45.5%	36.4%	0.0%	33
	リーダー職	7.0%	33.3%	38.6%	19.3%	1.8%	57
	相談職	16.7%	33.3%	50.0%	0.0%	0.0%	6
	ケアマネジャー	17.6%	17.6%	35.3%	23.5%	5.9%	17
	看護職	20.0%	0.0%	60.0%	20.0%	0.0%	5
	介護職	2.2%	14.0%	51.6%	25.8%	6.5%	93
	その他	0.0%	0.0%	40.0%	40.0%	20.0%	5
スーパーバイジーは,自分の思っていることを適切に整理して話すことが苦手である	管理職	3.0%	24.2%	48.5%	21.2%	3.0%	33
	リーダー職	3.5%	21.1%	50.9%	22.8%	1.8%	57
	相談職	0.0%	16.7%	66.7%	16.7%	0.0%	6
	ケアマネジャー	5.9%	17.6%	41.2%	35.3%	0.0%	17
	看護職	0.0%	0.0%	80.0%	20.0%	0.0%	5
	介護職	3.25	10.8%	53.8%	26.9%	5.4%	93
	その他	0.0%	20.0%	60.0%	20.0%	0.0%	5
スーパーバイジーは,自分の対応の振り返りができていない	管理職	3.0%	36.4%	39.4%	15.2%	6.1%	33
	リーダー職	3.5%	38.6%	36.8%	19.3%	1.8%	57
	相談職	0.0%	33.3%	50.0%	16.7%	0.0%	6
	ケアマネジャー	5.9%	23.5%	52.9%	17.6%	0.0%	17
	看護職	20.0%	20.0%	40.0%	20.0%	0.0%	5
	介護職	3.2%	18.3%	48.4%	25.8%	4.3%	93
	その他	0.0%	60.0%	40.0%	0.0%	0.0%	5
スーパーバイジーは,利用者のQOL向上のための課題分析が十分にできていない	管理職	3.0%	30.3%	42.4%	24.2%	0.0%	33
	リーダー職	1.8%	28.1%	56.1%	12.3%	1.8%	57
	相談職	0.0%	33.3%	50.0%	16.7%	0.0%	6
	ケアマネジャー	5.9%	11.8%	47.1%	35.3%	0.0%	17
	看護職	20.0%	0.0%	40.0%	40.0%	0.0%	5
	介護職	2.2%	17.2%	53.8%	22.6%	4.3%	93
	その他	0.0%	0.0%	80.0%	20.0%	0.0%	5

表II-11. スーパーバイジーの立場とスーパーバイザーとしての課題との関係性

		ない	ほとんどない	たまにある	よくある	頻繁にある	合計
スーパービジョンの経過をどのように記録したらよいかわからない	管理職	0.0%	24.2%	42.4%	27.3%	6.1%	33
	リーダー職	1.8%	17.5%	36.8%	33.3%	10.5%	57
	相談職	16.7%	16.7%	50.0%	0.0%	16.7%	6
	ケアマネジャー	17.6%	11.8%	41.2%	17.6%	11.8%	17
	看護職	0.0%	20.0%	40.0%	40.0%	0.0%	5
	介護職	3.3%	22.8%	30.4%	31.5%	12.0%	92
	その他	0.0%	50.0%	25.0%	25.0%	0.0%	4
スーパービジョンについて，学ぶ機会が少ない	管理職	0.0%	12.1%	39.4%	39.4%	9.1%	33
	リーダー職	0.0%	28.1%	21.1%	42.1%	8.8%	57
	相談職	0.0%	16.7%	16.7%	50.0%	16.7%	6
	ケアマネジャー	11.8%	5.9%	52.9%	23.5%	5.9%	17
	看護職	0.0%	0.0%	60.0%	40.0%	0.0%	5
	介護職	8.6%	12.9%	24.7%	40.9%	12.9%	93
	その他	40.0%	0.0%	20.0%	20.0%	20.0%	5
スーパーバイザーとして，スーパービジョンの経験が十分でないと感じている	管理職	0.0%	12.1%	60.6%	12.1%	15.2%	33
	リーダー職	0.0%	10.5%	40.4%	36.8%	12.3%	57
	相談職	0.0%	16.7%	50.0%	33.3%	0.0%	6
	ケアマネジャー	5.9%	11.8%	47.1%	11.8%	23.5%	17
	看護職	0.0%	0.0%	60.0%	20.0%	20.0%	5
	介護職	2.2%	7.5%	37.6%	31.2%	21.5%	93
	その他	0.0%	0.0%	20.0%	40.0%	40.0%	5
スーパーバイジーの気づきや省察を促すことが難しい	管理職	0.0%	30.3%	57.6%	12.1%	0.0%	33
	リーダー職	0.0%	14.0%	54.4%	29.8%	1.8%	57
	相談職	0.0%	16.7%	66.7%	0.0%	16.7%	6
	ケアマネジャー	11.8%	11.8%	58.8%	5.9%	11.8%	17
	看護職	0.0%	0.0%	.80.0%	20.0%	0.0%	5
	介護職	1.1%	17.4%	40.2%	34.8%	6.5%	92
	その他	0.0%	0.0%	20.0%	80.0%	0.0%	5
スーパーバイザーである自分自身に，スーパービジョンを行ううえでの知識・技術が不足している	管理職	0.0%	15.2%	57.6%	18.2%	9.1%	33
	リーダー職	0.0%	7.1%	44.6%	35.7%	12.5%	56
	相談職	0.0%	16.7%	33.3%	33.3%	16.7%	6
	ケアマネジャー	5.9%	23.5%	29.4%	23.5%	17.6%	17
	看護職	0.0%	0.0%	40.0%	40.0%	20.0%	5
	介護職	0.0%	12.9%	32.3%	38.7%	16.1%	93
	その他	0.0%	0.0%	40.0%	60.0%	0.0%	5

認知症ケアにおけるリーダー層による スーパービジョンの可能性

　以上の調査結果を基に，本節では認知症ケアにおけるリーダー層の SV の課題と今後の取り組みについて検討していく．

1．認知症ケアスーパービジョンにおけるリーダー層への期待

　本調査より，SV の取り組み状況については，「半年に1回以上」実施されており，その結果，職場内における認知症ケアに効果的であることが明らかになった．また事業所内で SV を実施する際には，スーパーバイジーの思いや気持ちを受け止めながら，スーパーバイジーの成長を促すことを心掛けていることが明らかになった．
　SV を定期的に実施することは，認知症ケアを行う専門職の養成に繋がり，事業所における認知症ケアの質向上に繋がっていくといえる．SV を行う目的は，スタッフの養成・専門性の向上，組織の機能の維持・向上の2つあるといわれている（岡田：2017）．
　本調査でも明らかになったように，認知症ケアが実践されている現場で SV を実践する場合，さまざまな職種や立場にある専門職に対して行っていくことになる．そのなかには，指導者のように認知症ケアに関する専門的な学びを受けてきていない職員や，指導者とは違う専門教育を受けてきている職員もいる．SV は，認知症ケアを行う専門職の養成，各専門職の認知症ケアの考え方を共有するために必要な取り組みである．その取り組みを行うことにより，事業所における認知症ケアの専門性の向上に繋がってくるといえる．そのためには，「認知症ケアの質向上のために適切なアドバイス」を行うことができる指導者が，スーパーバイザーとして SV を展開していくことが必要となってくる．
　多くの事業所で SV を実施できる環境が整っており，SV が実施されていることが明らかになった．しかし，SV の記録を残していない，具体的な目的や方法について説明していない等，SV のプロセスや目的，意義，方法など，SV に関する理解がない状況で SV が実施されており，多くの課題を抱えていることが明らかになった．
　SV は，スーパーバイザーとスーパーバイジーの契約関係に基づいて実施されるものである．スーパーバイジーがどのような課題を感じ，どのような目的で SV を

受けたいと考えているのか，課題を解決するためにはどのような形式で SV を実施することが必要なのかをスーパーバイザーが明確にし，お互いの考えが一致したときに初めて契約関係が成り立つ．そのためには，スーパーバイザーである指導者が，何故 SV を実施しなければならないのか，どのような SV の方法があるのかを理解することが重要である．

　また，SV の内容を記録として残すことは，SV の実践を振り返るための重要な作業の１つである．SV の実践の振り返りを行う意義としては次の２点である．

　１つ目は，スーパーバイザーとして，スーパーバイジーへの関わり方はどうであったのか，どのような関わりがスーパーバイジーの気づきに影響したのか等，スーパーバイザー自身が自己評価を行うことに繋がるということ．

　２つ目は，SV を通じて，スーパーバイジー自身がどのような事に気づくことができたのか，その気づきからどのような事を実践していきたいと考えたのか等，スーパーバイジー自身の振り返りに繋がるということである．

　上記でも述べたように，指導者の所属している事業所では，SV の取り組みを行うことが，認知症ケアの効果に繋がっていることが明らかになっている．しかし，事業所全体で認知症ケアの質向上のためには，適切な形で SV を実施することが重要である．そのためには，スーパーバイザーである指導者が，SV を実施するためのプロセスや目的，意義，方法について理解を深めていくことが重要となってくる．

２．認知症ケアスーパービジョンにおけるリーダー層の役割

　本調査の結果に基づいて，認知症ケアのリーダー層が SV を展開していくうえで必要な役割について，以下のようなことが考えられる．

　第１に，SV の枠組みを明確にすることである．本調査において，スーパーバイザーとして，SV に関する具体的な目的や方法がわからない，職場内において，SV に関する目的・意義・方法が明確に位置づけられていないなかで，SV が実施されていることが明らかになった．また，スーパーバイザーとしての立ち位置やスーパーバイジーの専門性の違いによって，SV を実施するうえでの課題に違いがあることが明らかになった．このことから，スーパーバイザーが事業所やスーパーバイジーの状況や状態にあった形で，SV を実施する意味や目的，意義について明確にするという役割がある．

　SV の枠組みとして野村 (2015) は，「SV とは何であるか (What)」「だれに行うのか (Whom)」「だれが行うのか (Who)」「いつ行うのか (When)」「どこで行うのか (Where)」「なぜ行うのか (Why)」「どのように行うのか (How)」という 6W1H の枠組みを明示

している. SV は, スーパーバイジーの課題や事業所の状況によって目的が変わって
くる. また状況によって, 個別で行うべきなのか, グループで行うべきなのかとい
う形態も変化してくる. SV を実施する際には, 常に 6W1H の枠組みを基に検討し,
適切な形で SV を実施することが必要になってくる.

　第 2 に事業所内に SV を実施できる環境を整えることである. 本調査において,
スーパーバイジーが相談しやすい環境は整っているが, SV についての理解が深ま
っていないことが明らかになった. このことから, 事業所内において SV の理解を
深めることが必要になってくるといえる.

　SV の理解を深めるうえで重要なこととして, 以下の 2 点が考えられる.

①SV の流れを理解することである. SV が始まるきっかけは, スーパーバイジー
　から相談されたときや, スーパーバイザーがスーパーバイジーなにか気になる
　ことを感じたときといわれている (野村: 2016). SV は, スーパーバイザーとス
　ーパーバイジーが日程を決め定期的に開催されることが多い. しかし, スーパ
　ーバイジーの状況や相談内容によって不定期に開催されることもある. このこ
　とから, 常に SV が実施できる環境を事業所内で整えておくことが必要である.
　そのためには, SV がどのように開始されるのかについて, 事業所内で理解する
　ことが重要である.

②SV の機能について理解することである. SV の機能は, ワーカー自身が抱えて
　いる課題や仕事上の悩みなどを共有して精神的にも支えていく支持的な営みと
　いわれている (空閑: 2016). 対人援助職であるスーパーバイジーは, 上司や同僚,
　他の専門職との関係, 業務の量や質との関係 (古川: 2011) など, さまざまなスト
　レスや悩みを抱えながらケアを行っている. ストレスを抱えながらケアを行う
　ことは, 燃え尽き症候群や虐待行為に繋がってしまう可能性もある. そのよう
　な事態にならないためにも, SV を通じて, 悩みやストレスを共有できる機会を
　作ることが必要になってくる. そのためには, 事業所内で SV の機能について
　理解を深め, スーパーバイジーが相談できる環境を整えていくことが必要であ
　る.

＊本調査は,「私立大学戦略的研究基盤形成支援事業」(2014 年度〜2018 年度) の「ヒューマンケアに
　おける重層的スーパービジョンのシステム構築」(日本福祉大学スーパービジョン研究センター) の
　研究事業として実施したものである. 今回に調査にご協力いただいた認知症介護指導者に厚く御礼申
　し上げる.

【文　献】

古川和稔（2015）「介護職員のストレス」『日本労働研究雑誌』57(5)，26-34.

介護労働安定センター（2016）「平成 27 年度介護労働実態調査」.

厚生労働省（2017）「平成 28 年介護サービス施設・事業所調査」.

空閑浩人（2016）『ソーシャルワーク論』ミネルヴァ書房.

野村豊子（2015）「序章　第 2 節　日本における社会福祉専門職のスーパービジョンに関する動向. 現場の声」一般社団法人日本社会福祉教育学校連盟監修『ソーシャルワーク・スーパービジョン論』中央法規出版，20-26.

岡田まり（2017）「第 9 章　スーパービジョンとコンサルテーション」社会福祉士養成講座編集委員会編集『新・社会福祉士養成講座 8　相談援助の理論と方法 II（第 3 版）』中央法規出版，199-213.

山口喜樹，山口友佑，中村裕子，加知輝彦，柳務（2018）「認知症介護指導者の地域活動に関する実態調査」『平成 29 年度認知症介護研究・研修大府センター研究報告書』，63-78.

日本福祉大学スーパービジョン研究センター

認知症介護指導者におけるスーパービジョンに関するアンケート調査

以下の問いへ必要事項を記入するか，または該当する項目の番号へ〇をつけることにより，お答えください．

【 問1 】 あなたご自身に関しておたずねします．

（1）あなたの性別についてお答えください． 　 1．男 性 　 2．女 性

（2）あなたの認知症介護指導者としての実務年数は何年ですか． 　 年

（3）あなたの施設における職種について，該当する番号に〇をつけてください．

1．管理職　2．リーダー職　3．施設長　4．介護主任　5．相談職　6．その他（　　　　　）

（4）あなたがスーパービジョンを行ううえで，主なスーパーバイジーはどなたでしょうか．

【 問2 】 あなたのスーパービジョンへの取り組み状況についておたずねします．

No	スーパービジョンの方法	1月に 1回以上	半年に 3～5回	半年に1 ～2回	半年に 1回以下	未実施
1	個別スーパービジョンを実施している．	5	4	3	2	1
2	グループスーパービジョンを実施している．	5	4	3	2	1
3	ピア・スーパービジョンの実施を支援している．	5	4	3	2	1
4	事例検討を行うなかでスーパービジョンを実施している．	5	4	3	2	1

【 問3 】 スーパービジョンの実践状況についておたずねします．「頻繁に行っている5」～「行っていない1」のうち，該当する番号に〇をつけてください．

No	スーパービジョンで実践している事項	頻繁に行 っている	よく行っ ている	時々行っ ている	あまり行 っていない	行ってい ない
1	スーパーバイジーが，認知症ケアについて理解を深めるよう働きかけている．	5	4	3	2	1
2	スーパーバイジーが，利用者のニーズにあったサービス調整を行っているか，定期的に確認している．	5	4	3	2	1
3	スーパーバイジーが抱えている援助技術上の課題を明らかにするよう心がけている．	5	4	3	2	1
4	スーパーバイジーが効果的にアセスメントをできるよう支援を行っている．	5	4	3	2	1
5	スーパーバイジーが適切な課題分析をできるよう支援を行っている．	5	4	3	2	1
6	スーパーバイジーのプランニング技術が向上するための支援を行っている．	5	4	3	2	1

No	スーパービジョンで実践している事項	頻繁に行っている	よく行っている	時々行っている	あまり行ってない	行っていない
7	スーパーバイジーが利用者や家族とのコミュニケーション上の課題を抱えている際，支援を行っている.	5	4	3	2	1
8	スーパーバイジーとともに，自身の認知症ケアについての振り返りを心がけている.	5	4	3	2	1
9	利用者の要望と家族の要望とが異なる場合，スーパーバイジーと問題を共有し，対応策を検討している.	5	4	3	2	1
10	虐待などの深刻な人権侵害がみられた場合，スーパーバイジーと情報を共有し，対応を検討している.	5	4	3	2	1
11	自分が考えていることを適切に表現できないスーパーバイジーに対して，問題点を整理して話すことができるよう，支援している.	5	4	3	2	1
12	スーパーバイジーと認知症ケアの目的や価値について話し合いを行っている.	5	4	3	2	1
13	スーパーバイジーに対して，スーパービジョンの目的や具体的な方法について説明している.	5	4	3	2	1
14	スーパーバイジーの業務の適切さや成果を，自分自身で評価できるよう支援している.	5	4	3	2	1
15	スーパーバイジーが，認知症ケアの意義や価値をどのようにとらえているか，理解するよう努めている.	5	4	3	2	1
16	スーパーバイジーが，利用者や家族とのコミュニケーション上の問題を抱えていないか，常に注意している.	5	4	3	2	1
17	スーパーバイジーの援助技術（アセスメント，コミュニケーション技術等）を定期的に評価している.	5	4	3	2	1
18	認知症ケアを行う上で発生する様々なリスクについて，常に考慮している.	5	4	3	2	1
19	スーパーバイジーが，利用者や家族の思い・要望について十分理解しているか，常に配慮している.	5	4	3	2	1
20	スーパーバイジーが，利用者や家族の負担軽減のために有効な支援を行っているか，常に配慮している.	5	4	3	2	1
21	自分自身のスーパーバイザーとしての役割と，職場の先輩としての個人的な支援とを明確に区別している.	5	4	3	2	1
22	スーパーバイジーが抱えている援助技術やコミュニケーション上の問題と，利用者が抱えている問題とを明確に区別している.	5	4	3	2	1
23	スーパーバイジーが利用者に接する際，言葉遣いや態度に問題がないか，常に注意している.	5	4	3	2	1
24	スーパーバイジーが，自分自身の抱えている問題に自ら気づくことを重視している.	5	4	3	2	1
25	スーパーバイジーが問題に対応する際，スーパーバイザーに頼り切りになることがないよう，十分配慮している.	5	4	3	2	1
26	スーパーバイザーとして，スーパーバイジーの怒りや不安を冷静に受け止めるようにしている.	5	4	3	2	1
27	スーパーバイジーの認知症ケアを行う専門職としての成長を目指している.	5	4	3	2	1
28	スーパービジョンの内容を記録として残している.	5	4	3	2	1
29	スーパーバイジーにとって必要な研修内容をスーパーバイジーとともに検討し，必要に応じて研修をバックアップしている.	5	4	3	2	1
30	認知症ケアを行う専門職のスーパーバイザーとして，自分自身の専門性向上のための努力を継続している.	5	4	3	2	1
31	スーパーバイジーを萎縮させることがないよう配慮している.	5	4	3	2	1

【 問 4 】 スーパービジョンにおける，スーパーバイジーの課題と考えられる事項についておたずねします．「頻繁にある　5」～「ない　1」のうち，該当する番号に○をつけてください．

No	スーパービジョンの方法	頻繁にある	よくある	たまにある	ほとんどない	ない
1	スーパーバイジーは，認知症ケアを行う専門職としての明確な価値観を持っていないと思われる．	5	4	3	2	1
2	スーパーバイジーは，個別援助技術を高めるための努力をしていない．	5	4	3	2	1
3	スーパーバイジーは，コミュニケーション能力が低いため，利用者や家族の思いを十分に理解できていない．	5	4	3	2	1
4	スーパーバイジーは，利用者や家族のニーズに十分対応できていない．	5	4	3	2	1
5	スーパーバイジーは，利用者や家族の利益を十分に配慮していない．	5	4	3	2	1
6	スーパーバイジーのアセスメント能力に課題がある．	5	4	3	2	1
7	スーパーバイジーのコミュニケーション能力に課題がある．	5	4	3	2	1
8	スーパーバイジーの行っているケアマネジメントプロセスが，不明瞭である．	5	4	3	2	1
9	スーパーバイジーは，家族との援助関係を適切に形成できていない．	5	4	3	2	1
10	スーパーバイジーは，利用者や家族の話を聞こうとせず，自分の意見を相手に押し付けようとする．	5	4	3	2	1
11	スーパーバイジーは，関係機関と連携する際，連携の目的や方法を明確に意識していない．	5	4	3	2	1
12	スーパーバイジーは，職場の同僚との情報共有が不十分である．	5	4	3	2	1
13	スーパーバイジーは，利用者や家族に対して必要な情報を提供していない．	5	4	3	2	1
14	スーパーバイジーは，自分の思っていることを適切に整理して話すことが苦手である．	5	4	3	2	1
15	スーパーバイジーは，利用者の受容がうまくできない．	5	4	3	2	1
16	スーパーバイジーは，自分の対応の振り返りができていない．	5	4	3	2	1
17	スーパーバイジーは，自分自身の感情をコントロールすることができない．	5	4	3	2	1
18	スーパーバイジーは，利用者のＱＯＬ向上のための課題分析が十分にできていない．	5	4	3	2	1
19	スーパーバイジーは，自分自身が失敗することを極度に恐れている．	5	4	3	2	1
20	スーパーバイジーは，理想と現実のギャップに戸惑っている．	5	4	3	2	1
21	スーパーバイジーは，上司や同僚などの意見を聞き入れない．	5	4	3	2	1
22	スーパーバイジーは，利用者や家族から拒否的な反応を示される．	5	4	3	2	1
23	スーパーバイジーは問題を早期に解決しようとして，十分な先の見通しなしに不適切な行動を取る．	5	4	3	2	1
24	スーパーバイジーは，ケースを自分ひとりで抱え込んでしまう．	5	4	3	2	1
25	スーパーバイジーは，スーパービジョンを受ける際の課題が不明確である．	5	4	3	2	1

【 問5 】 スーパービジョンを行う際に，スーパーバイザーとしてのあなた自身に課題があるかもしれない事項についておたずねします．それぞれ，「頻繁にある　5」〜「ない　1」のうち，該当する番号に○をつけてください．

No	スーパービジョンを行ううえで，自分自身に課題があると思われる事項	頻繁にある	よくある	たまにある	ほとんどない	ない
1	スーパーバイザーとして，何のためにスーパービジョンを行うのかわからなくなることがある．	5	4	3	2	1
2	スーパーバイジーの成長を支えるために，どのように支援したらよいか具体的な方法がわからない．	5	4	3	2	1
3	スーパービジョンの経過をどのように記録すればよいかわからない．	5	4	3	2	1
4	スーパービジョンについて，学ぶ機会がすくない．	5	4	3	2	1
5	スーパーバイジーが自分より年上であったり，ベテランであったりして悩むことがある．	5	4	3	2	1
6	スーパーバイザーとして，スーパービジョンの経験が十分でないと感じている．	5	4	3	2	1
7	スーパービジョンを行う際に，スーパーバイジーの抱えている問題が何であるのか理解できないことがある．	5	4	3	2	1
8	スーパーバイザーとして，スーパービジョンの経験が十分でないと感じている．	5	4	3	2	1
9	スーパーバイジーの気づきや省察を促すことが難しい．	5	4	3	2	1
10	スーパーバイザーである自分自身に，スーパービジョンを行う上での知識・技術が不足している．	5	4	3	2	1
11	スーパーバイザーとして，スーパーバイジーから十分な信頼を得られていないと感じることがある．	5	4	3	2	1
12	スーパーバイジーとの価値観が異なるために，対応に苦慮する．	5	4	3	2	1

【 問6 】 あなたがスーパービジョンを行ううえで，職場や周囲の環境における課題についておたずねします．それぞれ，「頻繁にある　5」〜「ない　1」のうち，該当する番号に○をつけてください．

No	スーパービジョンを行ううえでの職場や周囲の環境の課題に関する事項	頻繁にある	よくある	たまにある	ほとんどない	ない
1	職場で，スーパーバイジーが相談しやすい雰囲気を作ることができない．	5	4	3	2	1
2	利用者ニーズにこたえるために必要な対応と，上司からの指示が異なり，悩むことがある．	5	4	3	2	1
3	スーパービジョンの記録を取ることができない．	5	4	3	2	1
4	職場全体の研修システムが整っていない．	5	4	3	2	1
5	職場の OJT がうまく機能していない．	5	4	3	2	1
6	職場のなかで，キャリアが浅い職員に対する教育訓練システムが整えられていない．	5	4	3	2	1
7	職場のなかで，新人教育の担当者が明確になっていない．	5	4	3	2	1
8	医療や介護などの関係者間で，目的や方法に違いがあり，対応に苦慮することがある．	5	4	3	2	1
9	職場には，職員同士がゆっくりと落ち着いて話し合う雰囲気がない．	5	4	3	2	1

No	スーパービジョンを行ううえでの職場や周囲の環境の課題に関する事項	頻繁にある	よくある	たまにある	ほとんどない	ない
10	スーパーバイジーの人数が多いために，適切なスーパービジョンを行うことができない．	5	4	3	2	1
11	ケアの方法に問題があるとわかっていても，職員同士が互いに指摘し合うことはない．	5	4	3	2	1
12	職場内に事なかれ主義の雰囲気があり，問題が生じている．	5	4	3	2	1
13	職場内でのお互いの信頼関係が不十分である．	5	4	3	2	1
14	職場内にスーパービジョンの必要性を認める伝統や価値観がない．	5	4	3	2	1
15	ケース検討において，議論の内容ではなく，発言者の組織上の地位で物事が決まることがある．	5	4	3	2	1

【 問7 】あなたがスーパービジョンを行ううえで，周囲の環境に対して留意している事項ついておたずねします．それぞれ，「頻繁にある　5」～「ない　1」のうち，該当する番号に〇をつけてください．

No	スーパービジョンを行う際に，職場内で心がけている事項	頻繁にある	よくある	たまにある	ほとんどない	ない
1	スーパーバイジーが相談しやすい職場の環境作りを心がけている．	5	4	3	2	1
2	スーパーバイジーが，スーパーバイザー以外の関係者へ相談したり，アドバイスを受けたりすることを奨励している．	5	4	3	2	1
3	スーパーバイジー間のピア・スーパービジョンの実践を支援している．	5	4	3	2	1
4	職場全体でスーパービジョンの意義が理解できるよう配慮している．	5	4	3	2	1
5	スーパーバイジーと上司の関係や，スーパーバイジー間の関係について常に配慮し，職場のコミュニケーションが良好であることを目指している．	5	4	3	2	1
6	ケアの内容が，職務上の地位によって左右されることがないよう心がけている．	5	4	3	2	1
7	事業所の事業計画の中に，スーパービジョンの目的・意義・方法を明確に位置づけている．	5	4	3	2	1
8	職場のなかで，スーパーバイジーとスーパーバイザー，それぞれの役割を明確にするように心がけている．	5	4	3	2	1

【 問8 】あなたの職場で行われている認知症ケアについての評価をお願いします．

No	スーパービジョンの方法	非常に効果的	効果的	おおむね効果的	一部問題あり	かなり問題あり
1	あなたの職場で実践されている認知症ケアは，全体として効果を上げていると思いますか．	5	4	3	2	1

以上でアンケートは終了です．ご協力ありがとうございました．

デンマークのデリバリースーパービジョン

　デンマークで行われているスーパービジョンの方法のひとつにデリバリー型というものがある．認知症ケアの場合には，認知症コーディネーターが，スーパーバイザーの役割を果たしている．プライセンターというケア付高齢者住宅の職員からの相談にのったり，アドバイスを求められたりする．たとえば，認知症ユニットの職員から「自分の行った介護について，この方法でよかったのかどうか」「介護が難しく困っているが解決策が見いだせない」という相談等があるとする．スーパーバイザーは，このような相談があった場合，直接，現場に出向き話を聞きながら，職員と高齢者との相性や服薬の状況など，これまでのケース記録を見ながら助言する．この方法をデリバリー型という．どれだけ教育を受けていても，現場の職員は自分のケアの仕方に自信がなくなる場合もある．スーパーバイザーは，そのようなときに傍らで職員のケアの仕方を支持しつつ，適宜そのケアの仕方を修正しながら支え続けていく存在となる．また，職員のケアに関する戸惑いへの支援にとどまらず，管理者などから現場での困難について相談がある際には，それを解決していくプログラムを考案することもある．

　社会サービス法では，自己決定権を重視し，必要時以外に職員が当事者に権力を行使することを制限している．これは1999年国会で，自己決定権を強化したことによる．このことは，認知症ケアの現場においても有効であると考えられており，権力の行使を簡単にはできないことになっている．権力の行使は，社会サービス法第67条の介護義務に関する規定に定められている．ただし，認知症コーディネーターが必要であると判断した場合には，権力の行使をすることが可能となるのであり，その必要性を感じている場合には，認知症コーディネーターの派遣要請をすることがある．

　このようなことを可能とする背景には，認知症コーディネーターが自治体職員として配置されているということが挙げられる．つまり，必要に応じて，スーパーバイザーとしての認知症コーディネーターを要請しながら，ケアの質を担保しているのである．

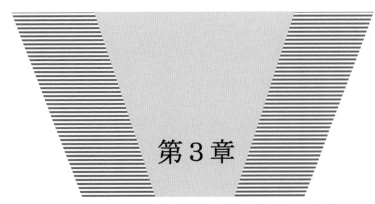

第3章

在宅生活を支援する介護支援専門員の
スーパービジョン実態

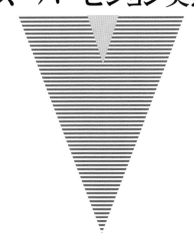

ケアマネジメント・スーパービジョンの実践の現状

　介護支援専門員（以下，ケアマネジャーと記す）が行う高齢者とその家族への支援では，アセスメントとプランニング，さらにはカンファレンスと支援の実施，およびモニタリングというケアマネジメントのプロセスが実践される（白澤, 1992；奈良ほか, 1998；マルコム, 1998；岩佐, 2002；照井, 2008）．このプロセスにはケアマネジャーのケアマネジメントに関する知識や技術だけでなくケアマネジャー自身の価値観や職業観，利用者との日常的なコミュニケーション，職場内の情報共有などのさまざまな要素が複雑に関係している．ケアマネジャーに対するスーパービジョン（以下，SVと略）のあり方を考えていくうえでは，ケアマネジャーが直接的・間接的に関わっている問題を整理しながら，実際現場で働くケアマネジャーのSV実践上の課題を明らかにすることが必要であると考えられた．そのため，ソーシャルケア研究会では，主任ケアマネジャーに対するフォーカスグループインタビュー，SVの課題についてのグループ討議，SVの実践報告と課題の分析という3つの方法により，ケアマネジャーのSVにおける課題を明らかにすることを試みた．

1．ケアマネジメント・スーパービジョンの環境

　ケアマネジャーのSVを担当する主任ケアマネジャーが抱えている課題を明らかにするための調査の一環として，2015年12月に「主任ケアマネジャーのSVを取り巻く環境」についてのフォーカスグループインタビューを実施した．76名の主任ケアマネジャーを7つのグループに分け，それぞれのグループに事前に打ち合わせ済みのインタビュアーを配置した．そして，グループごとに，①事業所の地域におけるSVへの取り組み状況，②事業所や地域におけるSVの取り組みにおける課題，③SVを行ううえでの自身の悩みや課題，④事業所や地域におけるSVに対する夢や希望という4つのテーマについてインタビューを実施した．
　フォーカスグループインタビューの結果については，その逐語録を質的統合法の手法（山浦, 2012）により分析を行った．分析結果から構成されたシンボルモデルの図を簡略に示すと図Ⅲ-1のようになる．
　主任ケアマネジャーへのフォーカスグループインタビューの結果から，ケアマネ

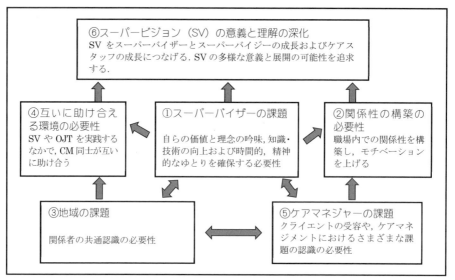

図Ⅲ-1．主任ケアマネジャーのスーパービジョン（SV）を取り巻く環境

ジメントの課題は，単にアセスメント～課題分析～プランニング～モニタリングという基本的な課題のみによって構成されているのではないことが明らかになっている．図Ⅲ-1に基づいて，主任ケアマネジャーのSVを取り巻く環境の課題を整理してみると以下のとおりである．なお，図Ⅲ-1およびその説明は，野村ほか（野村・照井・本山, 2016）による「リーダーケアマネジャーのSVにおける意義と課題」のなかで示されている図および説明を一部簡略化して示した．

1）スーパーバイザーの課題

　主任ケアマネジャーは，自分自身がスキルアップし，成長してくことにより他の人の考えや意見を聞き，悩みを共有することを通して仕事に夢や希望をもち，楽しく仕事をしたいと考えている．しかし実際のSV実践のなかでは，自分自身に自信がないために，事例検討会で自分をさらけ出すことを避け，相手の答えを待てずにティーチングやアドバイスに走ったり，相手に向き合うことが怖いと思ったりすることがある．また，業務の忙しさによる時間的・精神的ゆとりのなさも，効果的なSVの実施を困難にしていると感じている．これらの理由から，多くの主任ケアマネジャーは，自身がスーパーバイザーになることは難しいと感じている．

2）ケアマネジャー（スーパーバイジー）の課題

　主任ケアマネジャーは，スーパーバイジーであるケアマネジャーが煩雑な業務のなかでストレスを感じていることを理解している．しかし，スーパーバイジーによ

ってはスーパーバイザーである主任ケアマネジャーのいったことを真摯に受け止め
ない，自分がやっていることに自信があるようにみえるが，実際には利用者に寄り
添えていない，問題を問題と思っていないなどの側面があることなどのさまざまな
問題があると感じることもある．そのような場合，主任ケアマネジャーはどのよう
にSVを展開していけばよいか非常に悩むことになる．主任ケアマネジャーは，自
身のありたい姿を理解できている一方で，スーパーバイジー自身がこのようにあり
たいと考えている姿についてはあまり意識していない可能性がある．スーパーバイ
ジーが何らかの問題を抱えている場合，スーパーバイザーはスーパーバイジーの問
題の背景を理解するように努めることが求められる．

　3）地域の課題
　主任ケアマネジャーは，地域の問題をみんなで結束して考え，お互いに支え合っ
て行ければよいと考えており，そのような活動のなかにSVが取り入れられること
を望んでいる．実際に，地域では地域包括支援センターや地区のケアマネジャー協
会，地域の主任ケアマネジャーが中心となった事例検討会や研修会が開催されてい
る．しかし，そのような場で行われる事例検討会では，事例提出者が責められた
り，参加者からの一方的なアドバイスになってしまったりするために成功体験が得
られにくいという問題がある．また，主任ケアマネジャーが地域包括支援センター
に相談した際，相談した内容に理解を示してもらえないこともある．地域における
SVの実践や研修会などの機会がそれほど多くないことも問題となっている．

　4）互いに助け合える環境の必要性
　主任ケアマネジャーは，自身が抱える課題や他のケアマネジャーが抱える課題を
解決するための場として，自身の事業所，経営母体が同じ事業所，地域のケアマネ
ジャーや多職種が集う場を，それじれの状況に応じて活用することが可能であると
考えている．また，主任ケアマネジャーは，ケアマネジャーが仕事に失望したり，
仕事に悩んだりすることがないよう，お互いに助け合い，成長できる環境を整える
ことが重要と考えている．そのための具体的方法として，SVやOJTの実践が重要
であると考えられる．

　5）関係性の構築の必要性
　主任ケアマネジャーは，事業所内でコミュニケーションを図りよい雰囲気づくり
をしていくことで，お互いのストレスを減らし，モチベーションの向上を図りたい
と考えている．そのために，業務が一段落した後や昼食時に声をかけ，事例検討会

やミーティングの時間をもつなどしている．また，事例検討会やミーティングを実施する際には，時間と場所を選び，電話や外部のノイズに邪魔されないような環境を整える工夫もしている．

しかし，時間が取れなかったり，事例が「まな板に乗せられ」批判の対象になってしまったり，SV に至っていないなどの課題が生じる可能性がある．一方で，スーパーバイザーとスーパーバイジーの関係性の構築は，ケアマネジャー自身が抱えている課題，他のケアマネジャーとの関係，地域の関係者との連携の課題等への対応において，非常に有効であると考えられている．

6）スーパービジョンの意義と理解の深化

主任ケアマネジャーは，SV がスーパーバイジーの自尊心を傷つけることなく，精神面の支援も含めて問題解決につなげることができる場合，ケアマネジャー個人の成長だけでなく，地域のケアスタッフの成長につながり，ひいてはサービスの質が向上すると考えている．

事実，実際のスーパーバイジーの体験は，自分の気持ちが解放され，気づき，変わっていく実感を得られ，これまでと違った視点で物事を捉えられるようになり，スーパーバイザーの引き出し方や質問の仕方も学べると感じている．すなわち，主任ケアマネジャーは，SV が自身の課題，他のケアマネジャーの課題，地域の課題のすべてによい影響を及ぼすと捉えていると考えられる．

そのため，主任ケアマネジャーは，SV の理解を広く深めていくことが重要と考えており，その具体的方法として SV のビデオ学習や SV の継続的な研修，具体的な方法を体験できる研修を挙げている．しかし，SV を理解していない人との共通理解が難しい，事例検討会やカウンセリングなどの他の方法との違いがはっきりしない，SV のいろいろな進め方による混乱がみられるなどの課題も存在する．主任ケアマネジャーが，SV の効果が発揮していくうえでは，個人の課題の明確化，お互いに助け合える環境や関係性構築の重要性の認識が重要であると考えられる．

2. スーパービジョンの課題を探るグループ討議

ソーシャルケア研究会では，ケアマネジメントの現場で働くケアマネジャーのスーパービジョン実践の課題を明らかにすることを目的に，2015 年の 12 月から翌年の 3 月にかけて，115 名の主任ケアマネジャーによるグループ討議を実施した．その経過と結果の概要は以下のとおりである．

グループ討議では，実際にケアマネジャーの SV に携わっている 115 名の主任ケ

アマネジャーを 7〜10 名のグループに振り分け，各グループにベテランの主任ケアマネジャーを配置し，インタビュアーとしての役割を果たしてもらいながらグループ討議形式による話し合いを実施した．各グループでの討議のテーマは次のようなものであった．

①事業所や地域における SV の取り組みの状況

②事業所や地域における SV の取り組みにおける課題

③SV を行ううえでの自身の悩みや課題

④事業所や地域における SV に対する夢や希望

3．ケアマネジメント・スーパービジョンにおける実践上の課題

主任ケアマネジャーを対象とするグループ討議結果について，KJ 法的な手法を用いて整理することにより，以下に①から⑪で示すような「ケアマネジャーの SV 実践上の課題」が明らかになっている．表Ⅲ-1 では，インタビューのなかに出てきた具体的な発言の例をいくつか示している．

①ケアマネジメントの目的理念に関連する課題

②個別援助技術に関連する課題

③関係者との連携に関連する課題

④職場環境に関連する課題

⑤スーパーバイジーの意識に関連する課題

⑥スーパーバイジーが抱えていると考えられる課題

⑦スーパーバイザー自身の課題

⑧SV の目的に関連する課題

⑨SV の記録に関連する課題

⑩研修の体制に関連する課題

⑪SV 関係の課題

4．ケアマネジメント・スーパービジョンの課題への対応

1）スーパービジョン実践事例

主任ケアマネジャーに対するフォーカスグループインタビューの結果，SV を実践するうえでは上記のような課題を抱えていることが明らかになっている．そのため，実際の SV 実践場面における，これらの課題への対応方法を探ることを目的に，ベテランの 7 名の主任ケアマネジャーによる SV の事例検討を行い，詳細にわたる

第3章　在宅生活を支援する介護支援専門員のスーパービジョン実態

表Ⅲ-1. ケアマネジャーのスーパービジョン実践上の課題（その1）

スーパービジョン実践上の課題	具　体　例
①ケアマネジメントの目的理念	・利用者が不安になるようなプランを立てている可能性がある. ・職場内の OJT ではオリエンテーションから同行訪問して，アセスメント・モニタリングの確認を行っているが，ケアマネジメントの目的・理念については適切に伝わっているか不安である. ・職員の資質が大きく異なる. 直接的な指導が必要な場合と全部教えなくても少し伝えれば気づくという場合とがあり，そこが難しい.
②個別援助技術	・アセスメントとプランニングの技術を再点検する必要性がある. ・利用者とか家族にもっと他の言葉の投げかけ方ができればうまく行くんじゃないかなという場面や，電話の応対がみられる. ・もう少し利用者に寄り添えられればいいのにと思うのだが，本人は寄り添ってやっているという自信があるようだ.
③関係者との連携	・地域のケアマネジャーが集まって茶話会を行っているが，そういう場でスーパービジョンという部分も取り上げていきたい. ・他の事業所のだれかに相談をしたり，だれかに話を聞いてもらったりしたいということもあるので，そういうことがフランクにできるような事業所同士の関係性ができればよいと思う.
④職場環境	・朝のミーティングもないし，事例検討会もない. 職員間の話も何もない. 4人ケアマネがいるが，4人そろうことがなかなかない. ・事業所の人間関係のバランスを取るのが難しくて，なかなか関係性を作ることができなかった. ・悩み事や相手のストレスを共有して相談に乗り，励まし合っている. 電話が終わった後や行き詰っていると感じたときに声をかけあい，相手を信じていいところをみようとする. 相談や質問をされたら「あなたはどう思う？」と聞いてみる. ・1対1で話す時間を作ることができるような職場の関わりが大切.
⑤スーパーバイジーの意識	・スーパーバイザーとしてバイジーに問題があると思われる部分について，話し合いをしようと思っても，相手が全然問題と思っていないことがある. ・相手がスーパービジョンと受け取っていないことが問題.
⑥スーパーバイジーが抱えていると考えられる課題	・見ているとため息ついたりしている. なかなか電話が切れないようなときは見ていてわかる. ・ストレスに抱えているところをみんなで励まし合って，話し合うということが欠けている. ・家族とのコミュニケーションや，介護事業所との効果的な連携がうまく行っていないケアマネジャーがいる. ・業務以外のことで，私生活に関するバイジーの悩みにはどのように関わっていったらよいのか.
⑦スーパーバイザー自身の課題	・スーパービジョンを行う時間を確保し，スーパーバイザーとしての心のゆとりをもつことが難しい. ・自信がないからさらけ出すのがイヤだ. ティーチングやアドバイスに走ってしまう，相手の答えを待てず答えを出してしまう，自分の経験談を話してしまう. ・相手（バイジー）を認めるというよりは，相手（バイジー）変わってもらいたいと思ってしまう. ・職員と1対1の関わりが辛い，相手を委縮させてしまうのではないかと感じてしまうなどの課題がある.
⑧スーパービジョンの目的	・スーパービジョンは，ケアマネジャーのメンタル面のフォローやモチベーション向上につながる. ・スーパーバイジーの体験をすることは，自分が気づき変わって行く感覚を得られると同時に，スーパーバイザーとしての引き出し方や質問の仕方を学べる. ・スーパーバイジーとスーパーバイザーが目的を共有することが大切だ.
⑨スーパービジョンの記録	・記録は，そのものが意識付けになったり，書くことで気づいたりするので大切だが，現状ではきちんと行えていない.
⑩研修の体制	・他の人達への（スーパービジョンの）意識付けが重要である. そのためには，さまざまな形でスーパービジョンの勉強や実践を深めていくことが必要となる. ・地域の問題をみんなで結束して考え，支え合っていくという取り組みのなかで，スーパービジョンも行っていければよい.
⑪スーパービジョン関係	・バイジーとの契約をして進められればお互いに意識化ができて，何に困っているのかなということを話しながらバイジーが自ら話すことによって気づいていくと思う. ・スーパーバイザー・スーパーバイジーの共通理解をもっていくことが必要.「さあやりましょう」といってできることではない.

課題分析と課題への対応の可能性についての検討を行った．その事例検討の概要を表Ⅲ-2に示す．

　2）事例の課題分析と対応の可能性

　ケアマネジャーにおける SV の課題と対応の方向性を探るために，最初に上記の7 つの事例報告について，先に示した「①ケアマネジメントの目的理念に関連する課題」～「⑪SV 関係の課題」による 11 の課題との関連から詳細な分析と具体的な課題の整理を行い，次いで，抽出された実践上の課題への対応の可能性について意見交換を実施した．意見交換の結果について，整理すると表Ⅲ-3のようになる．こ

表Ⅲ-2．スーパービジョン実践事例報告の概要

No.1	スーパーバイザー：地域包括支援センター／主任ケアマネジャー	スーパーバイジー：併設する居宅介護支援事業所／ケアマネジャー
場面の概要	スーパーバイザーが，スーパーバイジーより「利用者にサービス利用を勧めているが，なかなか話が進まない」という内容の相談が寄せられた場面．スーパーバイジーが相談した担当利用者は，以前，スーパーバイザーが担当していた利用者であった．スーパーバイザーは，スーパーバイジーに対し，「いっしょに考えて行きましょう」と話し，場所を変えた上で，スーパービジョンを実施した．その場では，利用者の意向と援助者の意向とをそれぞれ整理したうえで，サービス調整のし方について確認を進めて，バイジーの気づきを促した．	
報告者 振り返り	スーパーバイジーが利用者をどうするかということに主眼がいってしまい，自身の価値・アセスメントまで考えが及んでいなかったということがわかってきた．そのため，まずは，スーパーバイジーの事例が問題というより，スーパーバイジー自身の不安ということがキーだということを感じてもらえるように展開した．	
No.2	スーパーバイザー：地域包括支援センター／主任ケアマネジャー	スーパーバイジー：同法人の居宅介護支援事業所／ケアマネジャー
場面の概要	スーパーバイジーと所属する居宅介護支援事業所の主任ケアマネジャーが，スーパーバイザーの所属する地域包括支援センターに来所，担当利用者の失禁の対応に困難を感じているという内容の相談が寄せられた場面．スーパーバイジーが相談した担当利用者は，以前，スーパーバイザーが担当していた利用者であった．スーパーバイザーは，スーパーバイジーと所属する居宅介護支援事業所の主任ケアマネジャーの話に耳を傾けたうえで，失禁の原因探索の状況や，利用者のキーパーソンとのつながりの状況について確認を行い，医療機関の活用等について情報提供を行った．	
報告者 振り返り	スーパーバイジーは，キーパーソンである家族に，状況を改善してもらいたいという訴えが強かったのではないかという印象を受けた．しかし，そのことをスーパービジョン場面でどのように取り扱えばよいのかがわからなかったことが課題であったと感じている．	
No.3	スーパーバイザー：居宅介護支援事業所／主任ケアマネジャー	スーパーバイジー：併設する介護支援センター／支援相談員
場面の概要	スーパーバイザーが，スーパーバイジーの様子を気にかけ，これまでの仕事を振り返ってもらうところから始めた場面．初め，スーパーバイジーは自身のできていない部分ばかりを話し，声のトーンも低かったが，スーパーバイザーが，業務の具体的なやり方について尋ねると，積極的に話し始めた．スーパーバイザーは，スーパーバイジーの行っている業務に対し，ねぎらいの言葉をかけた．	
報告者 振り返り	スーパーバイジーは，組織内においていわれたことをやっても，もう1人の相談員から次から次へといわれる．それぞれがそれぞれの考えで物事を進めるというところが問題かもしれない．	

No.4	スーパーバイザー：居宅介護支援事業所／主任ケアマネジャー	スーパーバイジー：同じ居宅介護支援所／支援相談員
場面の概要	スーパーバイザーが，スーパーバイジーの担当利用者の支援の状況をみて，3か月という期間を設け，個人スーパービジョンを実施し全体を振り返った．担当利用者は，以前，スーパーバイザーが担当していた利用者で，担当ケアマネジャーが何回も代わっている（ご本人からの苦情による）．利用者は，精神科に通いながら，猫とごみに囲まれて暮らしている独居の人．スーパーバイザーは，スーパーバイジーが利用者から寄せられるさまざまな用件に対応していることを理解したうえで，法令・制度の仕組みや，職責の明確化，チーム形成，組織・個別の問題の明確化を図っていった．	
報告者振り返り	自分自身も，スーパーバイジーと同様，現在行っていること以上に支援を進められず，長い間，課題に埋もれていたという経験がある．その課題を解決するうえで，管理や拡張していくシステムや構造が重要だと感じた．とくに地域の支援ということは大事だということをつくづく感じた．スーパーバイジーに自分と同じ思いをさせないように，システムを作っていくことが自身の課題と考える．	
No.5	スーパーバイザー：居宅介護支援事業所／主任ケアマネジャー	スーパーバイジー：同法人の居宅介護支援事業所／ケアマネジャー
場面の概要	スーパーバイザーとスーパーバイジーの所属する法人の2か所の居宅介護支援事業所では，定期的に合同の事例検討会を開催しているが，その構造はグループスーパービジョンと捉えることができる．スーパーバイジーより，この事例検討会で前向きになれない利用者のことについて検討したいとの希望があり，合同の事例検討会で事例を提供する場面．スーパーバイザーは，利用者を「自分に甘えがある」「楽な方に逃げてしまう性格」「すぐに気持ちが変わってしまう」と捉えているスーパーバイジーが，利用者理解を深められるよう，さまざまな点から質問を行った．	
報告者振り返り	法人の2か所の居宅介護支援事業所で取り組んでいる事例検討会に対する自信にもつながったし，今後の課題の把握にもつながった．自分たちが行っている事例検討会では，スーパーバイジーが責められないということをみんなが理解している．うまくいかなかった事例を出しても責められないという文化があるので，率直にスーパーバイジーが課題を言える．提出者に対する成長を思いながら，今後も共有できればよい．	
No.6	スーパーバイザー：居宅介護支援事業所／ケアマネジャー	スーパーバイジー：同じ居宅介護支援事業所／ケアマネジャー
場面の概要	スーパーバイザーが以前所属していた居宅介護支援事業所で，同僚であるスーパーバイジーと，併設のケアハウスの相談員より，ケアハウス入居者の家族関係について相談を寄せられた場面．スーパーバイザーは，ご本人，ご家族双方の意向を確認することが第一であることを伝えたうえで，他の資源の活用可能性について情報提供を行った．	
報告者振り返り	スーパーバイザーとして力のない事を実感できた．こっちも不安でわからないなら，わからないなりに意見を出して頂くようにはかっていくということも1つの手だと学んだ．	
No.7	スーパーバイザー：居宅介護支援事業所／主任ケアマネジャー	スーパーバイジー：同じ居宅介護支援事業所／ケアマネジャー
場面の概要	事業所内で，スーパーバイザーである報告者は，スーパーバイジーであるケアマネジャーの作成したケアプランの内容を確認する役割を担っている．そのなかで，スーパーバイジーより，「ケアプランに自信がない」「もっと効率的に事務処理できるようになりたい」との発言があり，「ゆっくり話を聴かせてもらいたい」と話し，場所を変えたうえで，スーパービジョンを実施した．スーパーバイザーは，スーパーバイジー自身の業務に関する振り返りの質問をしながら，いまできていること，スーパーバイジーの強さに焦点を当てたコメントを伝えた．	
報告者振り返り	スーパーバイジーが抱えるもやもやの所在やすっきりしないところはどのような思いからくるものかを考えたり，仕事にどのような姿勢で臨んでいくかということを探ったりするのは容易ではなかったが，スーパーバイジーの強さに着目し，それを共感し喜ぶことができたのは今回の取り組みにおいて評価できるものと考えている．	

表Ⅲ-3. スーパービジョン実践上の課題と対応可能性

	ケアマネジャー，スーパービジョンの課題	実践上の課題の例	スーパーバイザーとしての対応の可能性
1	ケアマネジメントの目的理念	①自分の価値観，明確な価値観をもてない． ②医療の担当者と介護の担当者との対応の方向性が異なる場合がある． ③CMはなにをする者かというモットーについて理解する必要がある．	①専門職のアイデンティティについて検討する必要がある． ②利用者のニーズを理解し，ケアマネジメントの目的に沿った調整を心がける． ③CMの資格を取ろうとした動機は？これからどのようなCMになりたいのか？プランを作成し，その通りサービスが実践されれば，それでよいのか？ これらの問題について考察する．
2	個別援助技術	①個別援助技術は，バイジーの意識と関係している． ②コミュニケーション技術が低く，自分の考えを押し付けようとする． ③ケアマネの基本についての理解が低い場合 ④バイジーは利用者のことを考えている，それをうまく援助に生かせない． ⑤新人で，知識・技術が不足している． ⑥アセスメントの技術（個人の歴史や普段の様子を掘り下げる）が低い． ⑦コミュニケーション，アセスメント，プランニングと，一見よくできているように見えても，課題が存在する場合がある． ⑧とくに，アセスメントとコミュニケーションに問題が生じやすい． ⑨ケアマネジメントのプロセスが，不明瞭になる可能性がある．	①バイザーは個別援助技術を高めるための指導を行う．方法論については検討が必要． ②クライエントへの説明が有効な場合と有効でない場合をどのように区別するかということについて，バイジーに対して問う． ③OJTで対応するのがよいのではないか． ④バイザーは，バイジーが利用者のことを考えていることを気づき，そのことを理解し，支援しなければならない． ⑤具体的なOJTの方法を考える必要がある． ⑥生活歴や，現状の確認の内容が十分かどうかを確認する・・・不足している場合は何が不足しているかを考えさせる． ⑦OJTにより再度ケアマネジメントの技術の確認が必要である．その際，指導者と職員の双方による評価・振り返りが重要である． ⑧ケアマネジメントの展開過程を振り返るなかで，問題への気づきを促すことができるのではないか． ⑨ケアマネジメントのプロセスについて改めて検討を行ってみる．
3	関係者との連携	①家族との関係がうまく形成できない． ②自分の意見を相手に伝えることだけを意識している． ③連携の相手先，相談・連携の手法，時間，移動の方法等について考える必要がある． ④同僚に伝えること．同僚との情報共有． ⑤課題に対する，関係者間の見解の相違が明らかな場合．	①「家族はどう思っていたか，家族はどうしてもらいたいか」という事についての気づきを促す． ②コミュニケーションの技術について整理する． ③相談者（利用者）の生活，労働時間等への配慮があるか，その相談の内容が相手に対して負担となるような方向へ向かっていないかといった点について検討する．． ④支持，教育，管理のなかで対応する． ⑤基本的な情報の共有，地域ケア会議の場での慎重な検討．

4	職場環境	①職場環境がバイジーにどのような影響を及ぼすか？ ②相談しにくい雰囲気がある職場の場合はどうしたらよいか． ③話しにくい雰囲気があるかもしれない．人数が多くじっくり相談できない． ④まわりも同じ考えということの安心感と危険性（目的価値の共有？／なれ合い？）． ⑤職場の人間関係に明確な壁がある→OJT がうまく行かない． ⑥スーパービジョンの文化がない． ⑦職場内での SV 体制の確立．上司への SV？ ⑧議論の内容ではなく，肩書で物事が決まることがある．	①組織のなかで，だれがどのように，新人を育てていくかを明確にしていく．スーパービジョンの手法を整理し，活用する． ②相談しやすい環境づくりに取り組む．バイザーの役割と，先輩のサポートの役割とを明確に区別する必要あり． ③バイザーは複数のバイジーの立場とバイジー間の関係性を理解する必要あり． ④⑤職場全体で対応を考える必要あり． ⑥スーパービジョンを話題に取り上げ，着実に実践するなかで，スーパービジョンの文化を形成していく． ⑦スーパービジョンの文化，風土の定着を目指す．そのためには，上司を含めた周囲の視点を変えていく必要がある． ⑧肩書は責任と権限を表すものである．相手を委縮させるためものではないことを理解しなければならない．
5	スーパーバイジーの意識	①職場やバイザーが自分に何を求めているのかがよくわからない． ②「自分のことを話す」「思っていることを話す」のが難しい． ③バイジーは自分が思っていることを言えるようになってほしい． ④利用者が困難な状況にあるときに援助者としての思いはどこにあるのか． ⑤利用者への受容がうまくできない場合がある． ⑥自分の対応の振り返りができず，課題の早期解決への意識が先行することが多い． ⑦利用者の QOL 向上に気持ちを向け，周囲に働きかけることができるような心の余裕，感情をコントロールする力量が求められる． ⑧バイジー自身の問題に気づくことの必要性． ⑨バイジーの意識がうまく理解できない． ⑩バイジーは初期の戸惑いの段階から，安心の段階へと移行していくことが予想される． ⑪失敗への恐れ，理想と現実のギャップに対する戸惑い．	①職場内でスーパービジョンの意義について話し合う必要がある． ②何か，話をするきっかけづくりを意図的に行う． ③信頼関係の形成とエンパワメント． ④ケアマネジメントの意義について検討する． ⑤受容と共感は異なることに留意する． ⑥いっしょに考え取り組もうとすることで，バイジー自身の意識が変わるのではないか ⑦事業所内で，初任者教育を行うなど，組織的な対応（組織自体の成長）が必要． ⑧バイジー自身が自分の問題に気づき，共に考えることができるように支援する．バイジーが安心して自分の悩みを話してよいのだということを理解してもらう． ⑨バイジーの基礎となる知識，技術を確認し，ケアマネジャーとしてどうあるべきと考えているか確認する必要がある． ⑩言葉遣いや雰囲気作りから，バイジーの価値や目的などの意識の問題へ支援の内容が変わっていく． ⑪バイジーの自己覚知を促す．折り合いをつけていくことを学ぶ．
6	スーパーバイジーが抱えていると考えられる課題	①自分の考えを振り返ることができない．他人の意見を聞き入れない場合がある． ②家族との連絡が取れなくなったとき（家族が拒否的な反応を示したとき）バイジーは自分自身の対応を適切に評価できただろうか． ③すぐに，問題を解決しようと行動に移す． ④ケアマネジメントを行っていくうえでの「あせり」 ⑤バイジーのプライドが高いこと．	①問題となる場面を，感情的な問題としてではなく，客観的な事実としてとらえることができるための訓練が必要となる． ②自分の手法が正しかったのか，正しくなかったのかを考える契機を提供する． ③少し，立ち止まってもらう時間，考える時間を設ける． ④さまざまなケアマネジメントの事例を知ることが重要ではないか． ⑤だれのための支援なのかを知る．

7	バイザー自身の問題	①ケースが元自分の担当だった場合，ケースへの責任感を強く感じる． ②ケースの抱え込み ③自分自身がなにを悩んでいるのかよくわからない ④バイザーが以前担当していた関係からSVを開始した． ⑤職場のなかで，スーパービジョンの契約の考え方を確立する必要性を感じる． ⑥スーパービジョンの知識，技術，経験の不足から，バイジーに気づかせる面談技術ができていない． ⑦バイザーとしての雰囲気の作り方をどうしたらよいか． ⑧利用者と事業所との板挟み状態．	①責任感を押し付けることはできないが，課題を共有し，支援することは可能である． ②（対応について検討協議中） ③自らの悩みについての気づく必要がある． ④バイジーは，問題が発生するとバイザーに頼りきりになる可能性があることを，理解しておく必要がある． ⑤職場のなかで，SVに対する職場の理解，組織の確立に取り組む必要がある． ⑥今後，面談のための具体的な技術について再確認していく必要あり． ⑦スーパービジョンの考え方をバイジーへ説明する．「スーパービジョン」という言葉を積極的に使う． ⑧ケアマネとしての自分が本来取り組まなければならない問題はなにかという点を整理する．
8	スーパービジョンの目的	①何のためにスーパービジョンを行うのか． ②バイジーはバイザーとの話し合いの主旨を理解していない可能性がある． ③日ごろの観察，関わりを通し，バイジーの成長を考え，スーパービジョンを行っていく必要があるが，バイザーのなかで，バイジーの成長過程を支援するための，方針・プログラムは必要なのか．	①「バイジーが振り返り，バイジーの視野が広がった」という状況が望ましい． ②スーパービジョンの機能や目的についてあらかじめ説明しておく必要がある ③バイジーの怒りも不安も受け止めて「まずは，いっしょに考えてみましょう」と声をかける．日ごろの観察や関わりを通してバイジーの成長を支えていく必要があるが，プログラミングの方法は十分に明確になっているわけではない．
9	スーパービジョンの記録	①識的な記録の取り方．	①スーパービジョンの記録を残すことは大切であろう．
10	研修の体制	①研修システムが整っていない． ②OJTができない／OJTがうまく機能できない． ③新人研修の実施方法，継続の仕方がよくわからない． ④スーパービジョンについて，職場でも学ぶ機会が必要．	①バイジーにとって必要な研修の内容をバイジーとともに考える．必要に応じて研修をバックアップする． ②OJT実践のために上司との話し合いが必要． ③（対応について検討協議中） ④研修の場をもてるように，組織に働きかける．
11	スーパービジョン関係	①バイジーが年上であったり，ベテランであったりした場合どうするか． ②信頼関係の意味を理解していない．信頼関係を形成する方法が不明． ③バイジーに対して「スーパービジョン」や「契約」といった言葉を使わずに，バイジーの専門性を高めることは可能か？ ④スーパービジョンでは明確な契約が必要か？	①スーパービジョンのまな板に載せていくための手法を考える必要あり．基本的には，バイザーがバイジーを受け入れていくことから始まるのでは． ②信頼関係を構成する要素をいっしょに考える．信頼関係のモデルを提示し，バイジーに考察させる． ③スーパービジョンの考え方を導入し，実践のなかで展開していくことは可能ではないか．バイザーの高い専門性が効果を高める． ④暗黙の取り決めを，契約として文書化することには意味があるのではないか．

の表で示されているスーパーバイザーとしての対応の可能性は，事例検討のなかで出てきた意見を集約し整理したものであり，最終的な課題解決の方法として示しているわけではないことに注意する必要がある．たとえば，7-⑥で示されている「SVの知識，技術，経験の不足から，バイジーに気付かせる面談技術ができていない」といった課題や，8-③で示されている「日ごろの観察，関わりを通し，バイジーの成長を考え，SVを行っていく必要があるが，バイザーのなかで，バイジーの成長過程を支援するための，方針・プログラムは必要なのか」，および10-③「新人研修の仕方がよくわからない」といった課題については，今後さらに検討が必要であることが示されている．

II ケアマネジメント・スーパービジョンの評価モデル

1. ケアマネジメント・スーパービジョンの全体像

　主任ケアマネジャーによるケアマネジャーへのSVの現状と課題についての調査研究の経過は，前節で示したとおりである．それらの結果を整理し，さらにSVを実践している主任ケアマネジャーを対象とするグループインタビュー，アンケート調査，事例検討などを整理することにより図Ⅲ-2および表Ⅲ-4に示すケアマネジメントにおけるSVのモデルを構成することができた．

　表Ⅲ-4では，図Ⅲ-2のなかで示される「スーパービジョン実践状況」「スーパーバイジーが抱える課題」「スーパーバイザーが抱える課題」「スーパービジョン環境の課題」を大項目とし，大項目を構成する「支持的機能」「教育的な機能」「管理的な

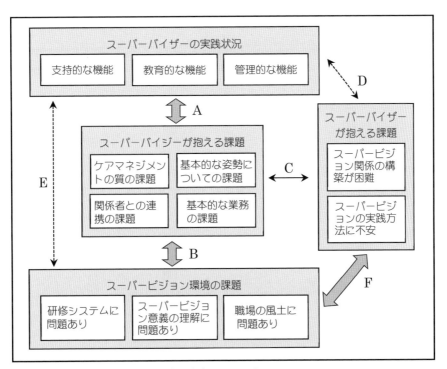

図Ⅲ-2. ケアマネジメント・スーパービジョンのモデル

表Ⅲ-4. ケアマネジメント・スーパービジョンのモデルを構成する要因

大項目	中項目	小項目
1）スーパービジョン実践状況	①ケアマネジメントSVにおける支持的機能	ⅰ）日ごろの様子を確認する ⅱ）利用者や家族への対応状況を確認する ⅲ）スーパーバイジーの成長を支える ⅳ）適切なスーパービジョン関係の構築
	②ケアマネジメント・スーパービジョンにおける教育的機能	ⅰ）ケアマネジメントの目的と価値 ⅱ）ケアマネジメント過程の支援 ⅲ）スーパーバイジーが抱えるコミュニケーションの課題への対応 ⅳ）特殊な問題への対応
	③ケアマネジメントSVにおける管理的機能	ⅰ）業務上の課題への対応 ⅱ）評価の支援
2）スーパーバイジーが抱える課題	①基本的な姿勢についての課題	ⅰ）利用者との関係構築困難 ⅱ）業務への不安と戸惑い ⅲ）振り返りと将来展望の課題
	②ケアマネジメントの質の課題	ⅰ）利用者とのコミュニケーションの課題 ⅲ）方向が見えないことの課題
	③基本的な業務の課題	ⅰ）アセスメントの課題 ⅱ）プランニングの課題 ⅲ）カンファレンスの課題 ⅳ）モニタリングの課題
	④関係者との連携の課題	ⅰ）情報共有の課題 ⅱ）関係者との連絡調整の課題
3）スーパーバイザーが抱える課題	①スーパービジョン関係の構築が困難	ⅰ）信頼関係の構築困難 ⅱ）関係を一面的に捉えてしまう可能性
	②スーパービジョン実践方法に不安	ⅰ）スーパービジョンについての知識・技術の不足 ⅱ）スーパーバイジーの成長を支えることの困難さ
4）スーパービジョン環境の課題	①研修システム	・職場内の研修システムが整備されていない
	②スーパービジョンの意義の理解	・職場内でスーパービジョンの意義と価値が認められていない
	③職場の風土	・職場の風土がスーパービジョンの成果を損なう

機能」などの項目を中間項目とし，さらに中間項目を構成する要因を小項目として示している．図Ⅲ-2 では，「スーパーバイザーの実践状況」「スーパーバイジーが抱える課題」「スーパービジョン環境の課題」「スーパーバイザーが抱える課題」という 4 つの要因の関係を示している．要因間をつなぐ矢印は太い矢印は強い相関を示し，細い矢印は弱い相関を示している．破線はマイナスの相関，すなわち相反する関係性を示している．たとえば，スーパーバイジーが抱える課題はスーパーバイジーの実践状況（A）や SV 環境の課題（B）と強い関連が認められる．これに対して，スーパーバイザーが抱える課題と SV の実践状況（D）はマイナスの関係にあり，スーパーバイザーが抱える課題が大きくなると SV の実践がと滞る可能性が示されている．これらの関係の詳細については，図Ⅲ-3 から図Ⅲ-6 に示す図とその解説を参照

願いたい.

　ケアマネジメント・SV・モデルは先に述べたように，大項目で見ると，1）スーパービジョン実践状況，2）スーパーバイジーの課題，3）スーパーバイザーの課題，4）　ケアマネジメントを実践する環境上の課題，という 4 つの要素から構成される. 以下においては，それぞれの要素がどのような内容を含んでいるか，詳細に見ていくこととする.

1）スーパービジョン実践状況

　ケアマネジメント・スーパービジョンの実践における業務内容は非常に多岐にわたる. SV の視点からさまざまな実施項目を整理してみると，①「支持的な機能」の実践，②「教育的な機能」の実践，③「管理的な機能」の実践に大別することができる. これらスーパーバイザーの実践について分類は，180 名の主任ケアマネジャーに対するアンケート結果を統計分析することにより確認されたものである. これらの 3 つの要因はそれぞれの相関が高いため，因子として取り扱うことはできないが，SV の実践状況を整理していくうえでは，有効であると考えられた.

①ケアマネジメント SV における支持的機能

　i）日ごろの様子を確認する：スーパーバイザーは，スーパーバイジーが業務のなかで遭遇するさまざまな問題へ自らの力で対応することができるよう，支持的な機能を発揮していくことが求められる. そのような支援を行っていくうえで，スーパーバイザーはスーパーバイジーの日ごろのケアマネジメントの様子を知っていることが非常に重要である. そのためには，スーパーバイジーが利用者や家族に接する際の言葉遣いや態度に問題がないか，また，利用者や家族とのコミュニケーション上の問題を抱えていないか常に注意していく必要がある. スーパーバイザーは，日ごろのスーパーバイジーの様子を確認し，そこで生じている喜びや不安を冷静に受け止めながら，支持的な対応によるスーパービジョンを行っていくことが求められる.

　ii）利用者や家族への対応状況を確認する：スーパーバイジーの日ごろのケアマネジメントの様子を知るうえでは，スーパーバイジーが，利用者や家族の思いや要望について十分理解し，利用者や家族の負担軽減のために有効な支援を行っているかという点について確認をしておく必要がある. また，ケアマネジメントを行うなかでスーパーバイジーが，利用者と家族にとっての不利益，転倒による骨折，認知症による行動障害などの問題について，十分に配慮しているかという点についても確認を行っていく必要がある. このような，日常のケアマネジメントの適切な状況把握のうえに立って初めて，効果的な SV の支援が可能となる.

ⅲ）スーパーバイジーの成長を支える：SV はスーパーバイジーが適切な介護支援業務を遂行することができるように支えると共に，ケアマネジメントの専門職としての成長を目指して行われる．スーパーバイザーは，スーパーバイジーがケアマネジメントのなかで幾つかの問題を抱えていることに気づいた場合は，その問題が緊急を要するものでない限り，スーパーバイジーが，自分自身の抱えている問題に自ら気づいて，自らの力で問題を乗り越えることができるように支援を行うことが求められる．スーパーバイザーは必要に応じて指示やアドバイスを行うが，スーパーバイジーが自らの問題に対処する際に，スーパーバイザーに頼り切りになることがないよう，十分配慮しなければならない．また，スーパーバイジーが抱えている援助技術やコミュニケーション上の問題と，利用者が抱えている問題とが複雑に絡み合っている場合は，それらを明確に区別したうえで，支援を行っていく必要がある．スーパーバイザーの成長を支えていくためには，スーパーバイザー自身が自らの専門性向上のために，日頃から努力を継続してく必要があるものと考えられる．

ⅳ）適切な SV 関係の構築：スーパーバイジーの成長を支えるための SV を実践していくうえでは，スーパーバイザーとしての役割と，職場の先輩としての個人的な支援とは常に一致しているとは限らないという点に留意する必要がある．たとえば，新任のケアマネジャーができるだけ早く職場に馴染むことができるようにと考えて歓迎会を開催し，先輩職員との信頼関係を築くことは先輩職員としての配慮であり，スーパーバイザーとしての役割ではない．効果的な SV を行っていくためには，スーパーバイザーとスーパーバイジーとがその目的と方法を共有し，適切な関係を構築することにより，はじめて可能となるものと考えられる．そのような関係においては，威圧的な指示によってスーパーバイジーを萎縮させたり，スーパーバイジーの真剣な悩みを聞き流したりすることがあってはならない．

②ケアマネジメント・スーパービジョンにおける教育的機能

ⅰ）ケアマネジメントの目的と価値の共有：ケアマネジメント・SV を実践していくうえでは，SV の目的と方法を共有しながら，適切な SV 関係を構築する必要があることは上述したとおりである．その次の段階における教育的な機能を発揮するための実践は，ケアマネジメント実践そのものの目的と価値を共有することから始められる．とくに，スーパーバイジーが初任者の場合は，スーパーバイザーは，スーパーバイジーが理解しているケアマネジメントの目的や価値について話し合いを行いながら，スーパーバイジーがケアマネジメントの目的や意義について理解を深めることができるよう働きかけていくことが求められる．

ⅱ）ケアマネジメント過程の支援

・アセスメントと課題分析：ケアマネジメントにおけるアセスメントは，単にアセスメントシートの項目をチェックし，空欄をうめるだけの作業ではない．アセスメントはケアマネジャーと利用者およびその家族とが生活上のさまざまな問題や課題を共有するプロセスである．スーパーバイザーは，スーパーバイジーが行っているアセスメントから課題分析のプロセスを吟味し，必要に応じて問題提起やアドバイスを行っていく必要がある．とくに，利用者の要望と家族の要望とが異なるような場合，スーパーバイジーと問題を共有しながら，問題に対処していけるよう教育的な支援を行っていく必要がある．

・プランニングおよびモニタリング：プランニングにおいては，アセスメントで明らかになったニーズへケアプランが適切に対応しているか，また，フォーマルな介護サービスに加えてインフォーマルな資源を含めた活用可能な社会資源が十分に活用されているかという点が重要な問題となる．スーパーバイザーは，スーパーバイジーが，利用者のニーズを理解し，ケアマネジメントの目的に沿ったサービス調整と資源活用を行っているかという点に注意をはらう必要がある．ケアマネジメントサービスの提供期間を通じて，スーパーバイザーは，定期的にケアマネジメントのプロセスを振り返ることにより，スーパーバイジーが抱えている援助技術上の課題を明らかにし，スーパーバイジー自身が自らの課題を乗り越えることができるよう支援していくことが重要である．

iii）スーパーバイジーが抱えるコミュニケーションの課題への対応：ケアマネジメントの経験や知識が十分ではないケアマネジャーは，時として自分が抱えている問題を適切に言語化できないことがある．また，控えめでおとなしい性格のために，何か問題を抱えていても自分からは積極的に話をしないこともある．さらには，利用者や家族から不信感を抱かれてしまう場合や，強い共依存関係に陥ってしまう場合なども考えられる．スーパーバイザーは SV を実践するなかで，スーパーバイジーがこのような問題を抱え込んでいないか常に注意をはらう必要がある．これらコミュニケーションの課題への対応においては，スーパーバイザーはスーパーバイジー自身が問題状況を客観的に把握し，問題へ適切に対処していけるよう支持的な支援を行っていくことが求められる．

iv）特殊な問題への対応：極度の貧困状態がみられる場合や，ゴミ屋敷などの衛生上の問題が発生している場合，さらには虐待による深刻な人権侵害等，通常のケアマネジメントでは対応できない問題が生じている場合は，状況を正確に把握するとともに，関係機関と連絡を取り合いながら対応を行っていく必要がある．スーパーバイザーはスーパーバイジーがこれらの問題を見過ごしたり，1 人で抱え込んでしまったりすることがないよう，十分に留意する必要がある．

③ケアマネジメント・スーパービジョンにおける管理的機能

ⅰ）業務上の課題への対応：スーパーバイザーとスーパーバイジーが同一の職場で勤務する場合は，スーパーバイザーの役割のなかに業務上の指示や伝達，業務時間の管理，適切な書類の管理等についての指導監督が含まれる．しかし，これらは必ずしも対人援助の専門職であるケアマネジャーに対するスーパービジョンの特性を強調するものではない．むしろ，ケアマネジメントにおけるスーパーバイザーの役割はスーパーバイジーに対して，業務を遂行していくうえで必要となる具体的な目標や方法を明確に示していくことにある．すなわち，スーパーバイジーが自分の携わっている業務について，その目標，および業務達成のための具体的な方法を理解することにより，業務を効果的に達成することを目指すのである．その際，スーパーバイザーは，スーパーバイジーがケアマネジメントに関連する業務の意義や価値をどのようにとらえているかという点を十分に理解しておく必要がある．また，業務上の課題が明確にしたうえで，スーパーバイジーが課題に対応するうえで必要となる知識・技術を確保するための研修内容を検討し，必要に応じて研修をバックアップしていくことがスーパーバイザーの重要な役割となる．

ⅱ）評価の支援：スーパーバイザーは，スーパーバイジーが自分自身の援助技術（アセスメント，プランニング，実行，モニタリング，コミュニケーション技術等）を定期的に評価することができるよう支援し，あわせてスーパーバイジーの業務の適切さや成果を自分自身で評価できるよう支援しなければならない．スーパーバイジーの援助技術のレベル，およびケアマネジメント業務全般の成果評価を効果的に行うためには，事前にそれぞれの評価項目と評価基準を明確に定めておく必要がある．また，スーパーバイザーとスーパーバイジーの双方によるスーパービジョンの記録は，総合的な評価を行ううえでの貴重な資料として，活用することができる．

2）スーパーバイジーが抱える課題

ケアマネジメントスーパーバイジーとして位置づけられるケアマネジャーは業務のなかで，さまざまな問題を抱えている．その課題は非常に多岐にわたるが，スーパービジョン実践の視点からは①利用者との関係構築などに関わる「基本的な姿勢についての課題」，②おもに利用者とのコミュニケーションに深く関係する「ケアマネジメントの質の課題」，③ケアマネジメントのプロセスに関わる「基本的な業務の課題」，④関係者との情報共有に関わる「関係者との連携」の課題という4つの視点から整理することができる．

①基本的な姿勢についての課題

ⅰ）利用者との関係構築困難：スーパーバイジーである，ケアマネジャーが自分自身の感情をコントロールすることができない場合，利用者や家族の思いに添うことができなくなり，家族との適切な関係をつくることが困難となる．また，利用者や家族が生活のなかで抱えている困難や悩みを十分に理解することができない場合は，スーパーバイジーは利用者や家族のさまざまな訴えを受容することができず，拒否的な態度をとってしまう可能性がでてくる．このような場合，スーパーバイザーはスーパーバイジーに対して利用者や家族が抱えている課題を客観的に理解し，ケアマネジメントの視点から適切な関係を構築していくことができるよう支援していくことが求められる．

ⅱ）業務への不安と戸惑い：経験の浅いケアマネジャーは，自分が間違いなく適切なケアマネジメントを行っているか不安を抱いている．初任者にとっては，そのような不安は当然で有り，むしろ，不安は自ら学びを深めるための動機となり得る．どうしてもわからない問題があるときは，先輩からアドバイスを受けることができれば，それほど重大な問題とはならない．しかし，失敗に対して極度に恐れを抱いて自分1人だけで不安を抱え込んでしまうような場合，さまざまな問題が発生する可能性がでてくる．とくに，同僚や上司の意見を聞かず自己流で対応している場合や，自分自身の理想と実際のケアマネジメントシステムとの間にギャップを感じているような場合は，問題が大きくなる可能性が高くなる．スーパーバイザーは，スーパーバイジーの不安や戸惑いを感じ取りながら，その原因を明らかにすると共に適切な対応が可能となるよう支援を行っていく必要がある．

ⅲ）振り返りと将来展望の課題：ケアマネジャーは日頃から自らのケアマネジメントを振り返り，問題点を明らかにし必要に応じて対応を修正していくことが求められる．しかしスーパーバイジーのなかには，自分自身の支援内容や行動を振り返ることなく，無自覚的に日常業務をこなしている場合がある．ときには，目の前の問題を早く解決しようとして，十分な先の見通しなしに不適切な対応を行っている可能性もある．そのようなスーパーバイジーは，多くの場合，自分自身の考えを整理してまとめることが苦手で，自分自身のケアマネジメント実践の課題も明確になっていない．スーパーバイザーは，自らのふり返りと将来展望に課題を抱えているスーパーバイジーに対して，振り返りによる気づきと，先の見通しを明らかにすることができるよう支援していかなければならない．

②ケアマネジメントの質の課題

ⅰ）利用者とのコミュニケーションの課題：通常のケアマネジメント業務は何とか行っているが，その内容や質に問題がみられる場合がある．そのようなケアマ

ネジャーは，コミュニケーションに問題を抱えており，利用者や家族の思いを十分に理解できていないことが多い．家族との信頼関係も構築されておらず，時には不信感をもたれていることがあるかもしれない．利用者や家族との間のコミュニケーションをうまく行うことができないスーパーバイジーは，スーパーバイザーとの関係でも問題を抱える可能性が高いが，そのような状況のなかでこそ，SVの真価が問われることになる．

iii）方向が見えないことの課題：ケアマネジメントの目的，方法，プロセスが不明確で，利用者や家族への支援の将来像がまったく見えない場合がある．この問題は上で述べた＜①基本的な姿勢についての課題－iii）振り返りと将来展望の課題＞と密接に関連している．ケアマネジメントの方向性や将来像が見えていないスーパーバイジーは多くの場合，ケアマネジャーとしての明確な価値観を有しておらず，自らの援助技術を高めるための努力を怠っていることが予想される．このような場合，スーパーバイザーはどのようなSVを展開すべきか，非常に悩ましいところであるが，スーパーバイジーに対して"SVの目的と価値"すなわちなにを目指すのかという点についての気づきを促すとともに，ケアマネジメントという対人援助の"専門的知識・技術"の重要性を確認し，自らの援助技術の課題を認識することができるよう支援していくことが求められる．

③基本的な業務の課題

i）アセスメントの課題：ケアマネジメントにおける基本的な業務とはケアマネジメントのプロセスを指し，一般的にはアセスメントから始まり，課題分析およびプランニング，次いでカンファレンスとモニタリング，評価というプロセスをたどる．そのなかでも，アセスメントはその後の，課題分析やケアプランの作成に大きな影響を及ぼすため，非常に重要な位置づけが与えられている．これまでのケアマネジメント・SVについての継続的・複層的な調査研究の結果から，アセスメントのプロセスはケアマネジャーのコミュニケーションの課題と密接に結びつけて捉えられることが多い．

ii）プランニングの課題：ケアプランの策定に当たっては，利用者の生活の質の維持・向上を目指し，可能な限り自立した生活を支援していくための課題を抽出しなければならない．そのためには，事前に適切なアセスメントを行い，利用者の能力を勘案しながら，本人および家族の希望を最大限取り入れていくことが必須となる．スーパーバイザーは，スーパーバイジーが利用者本人の心身の状態を正確に把握し，利用者や家族の思いに添ったプランニングを行っているか確認を行っていく必要がある．とくに，利用者本人の希望と家族の意向が異なっている場合は慎重な対応が求められるので，よく状況を把握しながら適切なSVを行っ

ていくことが大切である．また，プランニングにおける SV では，フォーマルなサービスだけでなく，インフォーマルな社会資源が効果的に活用されているかという点や，活用されている資源に極端な偏りがないかという点にも留意していく必要がある．

iii）カンファレンスの課題：ケアマネジャーが主掌するカンファレンスの開催では，事前の事務連絡や必要書類の整備といった事務処理を適切に行うことが求められる．しかし，カンファレンスの課題はそれだけではない．カンファレンスには関係する事業所の職員だけでなく，利用者や家族も参加するため，多職種協同のチームによる利用者とその家族への支援のための場を形成していくことが求められる．そのようなチームケアのモデルとしては，特定の職種がリーダーシップを発揮する階層構造をもつマルチディシプリナリー・モデル，各職種が対等な関係で主体的に意思決定を行いながら協働するインターディシプリナリー・モデルなどがあげられる．ケアマネジメントでは，一般的にはインターディシプリナリー・モデルが有効であると考えられているが，スーパーバイザーは，スーパーバイジーがどのようなチームケアのあり方をめざしているのかという点について留意していく必要がある．

iv）モニタリングの課題：モニタリングは，利用者の生活状況を確認する，サービス提供者から利用者の状況やサービスの状況についての情報を収集する，実際のサービス提供の場に立ち会うなどの方法によって行われる．ケアマネジャーがモニタリングの重要性を十分に理解していない場合や，複数の困難ケースを抱えて時間を取れない場合は，モニタリングが不十分になってしまう可能性が高い．スーパーバイザーは，モニタリングが利用者と家族，およびサービス提供事業者との信頼関係を維持し，高めるための重要な契機となることを理解し，問題が発生していないかどうか確認を行っていく必要がある．

④関係者との連携の課題

ⅰ）情報共有の課題：ケアマネジメントにおけるサービス提供は多職種協同によるチームワークの実践として位置づけることができる．チームワークとは目的の共有と適切な役割分担による協同であり，効果的な共同作業は情報の共有によって可能となる．ケアマネジメントにおける情報共有は利用者および家族とケアマネジャー，サービス提供事業者とケアマネジャー，サービス提供事業者同士といった，各レベルでの情報共有が必須である．しかし，SV の視点からはこれらの情報共有以外にも，ケアマネジャーと職場の同僚や上司との情報共有，および関係する公的機関やインフォーマルなサービス関係者等との情報共有にも配慮していく必要がある．

ⅱ）関係者との連絡調整の課題：ケアマネジャーは，利用者や家族の思いや要望

をよく聞いたうえで，サービス提供事業所の関係者と連絡調整を行っていく必要がある．連絡調整を行っていく際には，利用者や家族の要求が必ずしも適切なものではないと判断される場合であっても，ケアマネジャーは相手の考えを全面否定してしまうのではなく，思いを十分に受け止めながら，ていねいに説明をしていく必要がある．また，利用者と家族，利用者とサービス提供事業所，家族とサービス提供事業所それぞれの間で意見の相違がある場合は，丁寧に連絡調整を行っていくことが求められる．SVでは，スーパーバイジーが利用者，家族，サービス提供事業所間の連絡調整の目的や方法を明確に意識することができるよう支援していかなければならない．

3）スーパーバイザーが抱える課題
①スーパービジョン関係の構築が困難
ⅰ）信頼関係の構築困難：スーパーバイザーは，スーパーバイジーから十分な信頼を得られていないと感じることがある．その原因としては，スーパーバイザーの経験や知識・技術が不足しているために，スーパーバイジーのニーズに十分に対応できていないことが考えられる．スーパーバイザーがスーパーバイジーの抱えている問題を理解できず，SVの本来の目的を見失っている状況では，信頼関係を構築することはできない．そのような場合，スーパーバイザーは，SVの目的，機能，方法について基本から再確認する必要があるだろう．とくに，SVの信頼関係を構築していくうえでは，デイビス等が指摘する「準備段階」「開始段階」「中間段階」「終結段階」といったプロセスを意識しながら実践を行っていく必要があると考えられる（野村，2015）．

ⅱ）関係を一面的に捉えてしまう可能性：スーパーバイジーがスーパーバイザーより年長である場合，スーパーバイザーとしては"やりにくい"と感じることがあるかもしれない．また，両者の人生における価値観や社会的な価値観が明らかに異なる場合も，スーパーバイザーはSV関係を構築することに困難を感じるであろう．このような場合，スーパーバイザーはSVの目的を明確にするとともに，SV関係の多様性についての理解を深めていくことが求められる．SV関係については，多くの研究者がその重要性を指摘しているにもかかわらず，その実態が検証されているわけではない．しかしながら，SV関係は一面的なものではありえず，複雑な関係性のなかでダイナミックな変化と成長の可能性を探っていくことがスーパーバイザーの重要な役割となるものと考えられる（野村，2015）．

②スーパービジョン実践方法に不安
ⅰ）スーパービジョンについての知識・技術の不足：SVの経験が浅く，SVにつ

いて学ぶ機会が少ないスーパーバイザーは，SV を行ううえでの知識・技術が不足していると感じている．そのような場合，スーパーバイザーはスーパーバイジーの成長を支えるためにどのように支援したらよいか，どのように SV の経過を記録し，どのように評価したらよいのかといった問題で悩むことになる．SV の具体的な方法に関わる知識・技術は，SV の原理，SV の目的，SV の機能，SV のモデル，SV のプロセス，更には SV におけるコミュニケーションの問題などに関わる．SV が関わる知識技術は多岐に渡るために容易に習得できるものではないと思われるかもしれない．しかし，ケアマネジメントのスーパーバイザーは対人援助の専門職として，その理論面と実践面の双方から学びを深めていくためのアプローチを継続していくことが求められる．この問題については，スーパーバイザーが個別に取り組むだけでは不十分であり，各地域において関係する団体・機関および研究者が協力して総合的に取り組んでいく必要がるものと考えられる．

ⅱ）スーパーバイジーの成長を支えることの困難さ：スーパーバイザーはスーパーバイジーの行動や発言のなかに問題を感じたとき，必要に応じて指示をだしたりアドバイスをしたりすることがある．しかし，スーパーバイジーの成長を支えるという SV の役割を考えるならば，できるだけスーパーバイジー自身の気づきを促す手法をとることが望ましいと考える．一般的には，スーパーバイザーが何か課題を問いかけるだけでスーパーバイジーに気づきが発生するということはないと考えられる．スーパーバイザーがスーパーバイジーの気づきを促していくためには，SV の目的や意義を共有し，SV のプロセスを吟味しながら取り組みを進めていく必要がある．とくに，スーパーバイザーとスーパーバイジーの関係性についての気づきを促したい場合は，"利用者とケアマネジャー（スーパーバイジー）"，"ケアマネジャー（スーパーバイジー）とスーパーバイザー"というパラレルな関係を活用することが効果的であると考えられる（野村，2015）．

4）スーパービジョン環境の課題

ケアマネジメントの SV を効果的に行うためには，SV を実施する環境条件を整えておく必要がある．たとえば，事業計画のなかに SV が正式に位置づけられ，スーパーバイザーとスーパーバイジーの役割が明確に規定されていることや，SV のための一定の時間と場所が確保されていることなどは必須である．これまでの調査研究の結果から，SV 環境の課題として，①「研修システム」の課題，②「SV の意義の理解」についての課題，③「職場の風土」という 3 つの要因が重要であることが明らかになっている．これらの課題への取り組みは，適切な SV を実践していくうえでの基本的な条件を構成する者と考えられる．

①研修システム

スーパービジョンを効果的に実践していくためには，事業所内の研修システムを整えておく必要がある．新任職員の指導担当者が不明確であったり，事業所内の研修計画に基づいた教育訓練のシステムが十分に整備されていなかったりする状況では，スーパービジョンを行って行くうえでさまざまな支障が出てくることが予想される．スーパーバイザーは，スーパービジョンの環境を整えるために，事業所に働きかけて職員の教育訓練のためのシステムを整えていく必要がある．研修プログラムを策定するなかで，スーパービジョンの目的や，担当者，実施する時間や場所，さらには OFF-JT と OJT の具体的なテーマを明らかにしていくことが求められる．また，研修システムのなかには SD（自己啓発）に対するインセンティブを高めるための仕組みを入れておくことが望ましいと考えられる．

②スーパービジョンの意義の理解

職場の上司がスーパービジョンの必要性を認めていない場合や，職場内にスーパービジョンの必要性を認める職場の伝統や価値観がないといった場合には，スーパービジョン実践は非常に困難となる．また，ケアカンファレンスの場において，専門的な支援の視点からではなく，職場内の地位の上下によって物事が決定されるような状況が発生するならば，スーパービジョンが成立しなくなってしまう可能性がある．そのような事態を避けるために，スーパーバイザーはスーパービジョンの意義と価値を職場内に周知する努力を継続するとともに，職場の研修システムを活用しながらスーパービジョンを実践し，着実に効果を上げていくことが求められる．

③職場の風土

職場の風土とは，一般に職場に行き渡っている価値観や行動規範を指すものとして理解されている．類似したことばである「職場の文化」と比較すると，「職場の風土」という表現はより自然発生的であいまいなニュアンスを含むものと理解される．好ましくない職場の風土の例としては「職員同士がゆっくりと落ち着いて話し合う雰囲気がない」「困ったことがあっても相談できる雰囲気がない」「仕事の方法に問題があるとわかっていても職員同士が互いに指摘し合うことがない」「職場内に事なかれ主義が蔓延している」などがあげられる．職場内でこのような傾向が見られるならば，スーパーバイザーは職場内のコミュニケーションのあり方を改善するための工夫をしながら，職場の風土を改善するために最大限の努力を払っていく必要がある．

2. スーパービジョンモデルの要素間の関係

これまで，スーパーバイザーの実践を調査・分析することにより明らかになった

スーパービジョンモデルの要素に含まれる項目の内容を見てきた．モデルに含まれる内容を大項目，中項目，小項目に整理すると「表Ⅲ-4 スーパービジョンモデルを構成する要素」のようになることは先に説明したとおりである．以下においては，表Ⅲ-4において中項目として示されている項目間の相関に注目しながら，図Ⅲ-2の内容について詳細に検討してみることとする．

ケアマネジメント・スーパービジョンの全体像を示す「図Ⅲ-2 ケアマネジメント・スーパービジョンのモデル」における「A」「B」「C」「D」「E」「F」「G」の記号は表Ⅲ-4に示す大項目間の関係を表すものである．これらの関係に注目しながら各要因の相互関係を詳しく見てみる．ただし，以下の解釈では，相関関係はある出来事と他の出来事とが同時に発生する可能性を示すものであり，最終的な因果関係を断定するものではないという点に留意する必要がある．

１）スーパーバイジーの課題とスーパービジョン実践およびスーパービジョン環境＜A・B＞

支持的な機能，教育的な機能，管理的な機能を含むスーパーバイザーの実践は，スーパーバイザーが抱える課題としての，①基本的な姿勢の課題，②ケアマネジメントの質の課題，基本的な業務の課題，④関係者との連携の課題と一定の相関がみられる（A）．また，スーパービジョン環境の課題とスーパーバイジーが抱える課題との間にはかなり強い相関がみられる（B）．この結果から，スーパービジョン実践は，スーパーバイジーが抱えている課題に対応しているが，スーパーバイジーが抱

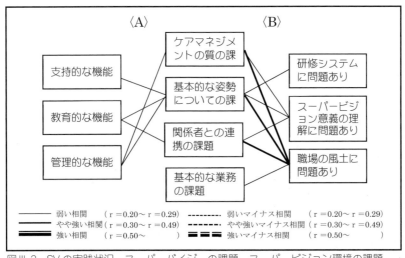

図Ⅲ-3．SVの実践状況 - スーパーバイジーの課題 - スーパービジョン環境の課題

える課題は，スーパービジョンの環境の課題から強い影響を受けていることが推測される．　これらの問題について図Ⅲ-3に示される中項目間の相関に着目してみると，スーパーバイジーの実践のなかで，支持的な機能に関係する実践はスーパーバイジーの「利用者の関係構築困難」「業務への不安と戸惑い」「振り返りと将来展望の課題」といった基本的な姿勢についての課題へ対応していることがわかる．同様に，教育的な機能は，基本的な姿勢についての課題，関係者との連携の課題と関わっており，管理的な機能はケアマネジメントの質の課題，基本的な姿勢についての課題と関わっている．

　また，「アセスメントの課題」「プランニングの課題」「カンファレンスの課題」「モニタリングの課題」などケアプランのプロセスで生じる課題に対しては管理的な機能が対応していることが推測される．

　次に，スーパーバイジーの課題と SV の環境の課題に注目してみると，職場の風土の問題は，ケアマネジメントの質の課題，基本的な姿勢についての課題，関係者との連携の課題とやや強い関連があり，基本的な業務の課題とも関連していることがわかる．また，職場内で SV の意義が十分に理解されていない場合には，ケアマネジメントの質の課題，スーパーバイジーの基本的な姿勢の課題，関係者との連携についての課題等で，問題が発生しやすくなる可能性が示されている．さらに，研修システムが十分に整備されていない場合は，「利用者との関係構築」「業務への不安と戸惑い」「振り返りと展望」などの基本的な問題が発生する可能性が高いことが予想される．

2）スーパーバイザーの課題とスーパーバイジーの課題およびスーパービジョン実践 ＜C・D＞

　スーパーバイザーが抱える課題とスーパーバイジーが抱える課題との間には，直接の関係はほとんどみられないが，スーパーバイザーの「SV 関係の構築が困難」とスーパーバイジーの「基本的な姿勢についての課題」の間に一定の相関が認められる（C）．また，SV の実践状況はスーパーバイジーが抱える課題と明らかなマイナスの相関がみられる（D）．このような状況について図Ⅲ-4 により確認してみると，スーパーバイジーの方が年長であったり，価値観に隔たりがあったりすることによりスーパーバイザーがスーパーバイジーとの関係構築に困難を感じている場合には，「利用者との関係構築困難」「業務への不安と戸惑い」「振り返りと将来展望の課題」などスーパーバイジーの基本的な姿勢課題が発生しやすくなる可能性がある．

　これに対して，スーパーバイザーが抱える課題と SV 実践との間にはマイナスの相関関係がみられる．とくにスーパーバイザーがスーパーバイジーとの信頼関係構

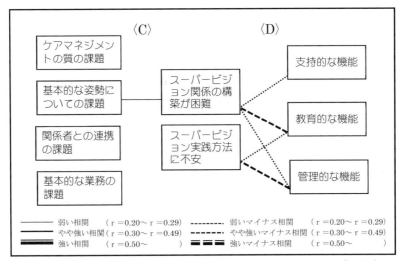

図Ⅲ-4. スーパーバイジーの課題 - スーパーバイザーが抱える課題 - スーパービジョンの実践状況

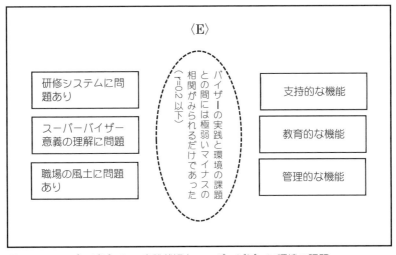

図Ⅲ-5. スーパービジョンの実践状況とスーパービジョン環境の課題

築に困難を抱えている場合は，教育的な機能を果たすことが困難となり，教育的な機能と管理的な機能にも支障を生じる可能性が推測される．また，スーパーバイザーが自分の SV の実施方法に不安を抱えている場合は管理的な機能を果たすことが困難となり，教育的な機能にも支障が生じる可能性がある．

3）スーパービジョン実践状況とスーパービジョン実践状況の課題<E>

SV の実践状況は，①研修システムに問題あり，②SV の意義の理解に問題あり，③職場の風土に問題あり，といった SV 環境の課題との間に非常に弱い相関しかみ

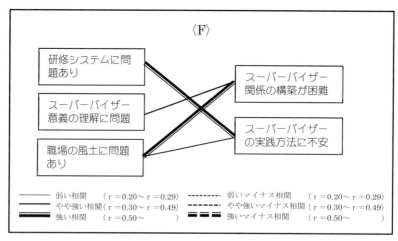

図Ⅲ-6. スーパービジョン環境の課題 - スーパーバイザーの課題

られなかった(E). この結果については図Ⅲ-4 にも示されているが, 研修システム, SV への理解, 職場の風土などは, スーパーバイザーの実践に対して直接大きな影響を与えていないことが推測される. しかし, すでに確認しているようにスーパーバイジーが抱える課題と SV 環境の課題とは, 比較的に強い相関がみられるため, 効果的な SV を実践していくうえでは, 環境への配慮を欠くことはできないと思われる. 今後, SV の重要なテーマとして「SV 環境の課題」への対応のあり方を検討していく必要があると考えられる.

4）スーパービジョン環境の課題とスーパーバイザーの課題

SV の環境の課題とスーパーバイザーが抱える課題との間にはかなり強い相関が見られる（F）. 図Ⅲ-6 により, 2 つの課題の関係を見てみると, 研修システムに問題がある場合は, スーパーバイザーの実践方法への不安とかなり強い相関がみられ, SV 関係構築困難との関連が認められる. 職場内で SV の意義が十分に認められていない場合には, SV 関係の構築困難との相関がみられ, SV 実践の方法への不安とも弱い相関がみられる. 職場の風土に問題がある場合は, SV 関係の構築困難が発生する可能性が高くなり, SV 実践の方法への不安とも弱い相関がみられている. これらの結果から, スーパーバイザーが抱える課題は, SV を取り巻く職場の課題と相互に影響し合っている可能性が高いと考えられる.

ケアマネジメント・スーパービジョンにおける
重複的な課題

　以上により，ケアマネジメントの環境についてのフォーカスグループインタビュー，ケアマネジメントの課題についてのグループ討議，SV実践の報告と検討により，主任ケアマネジャーが抱えるSVの課題を明らかにすることに取り組んできたが，これらの結果を総合することにより，以下のようなケアマネジャーSVの課題として整理することができる．

1. ケアマネジメントの目的と理念に関わる課題

　多くのケアマネジャーは，利用者への生活支援のなかでQOLの向上をケアマネジメントの重要な目的として活動を行っていると考えられる．しかし，ケアマネジメントが目指す取り組みは単に利用者のQOLの向上ということにとどまらず，自立の支援，社会資源の効果的な活用とコストのコントロールといった目的も含んでおり，さらに，コミュニティケアの推進という大前提があることを忘れてはならない．主任ケアマネジャーへのSVの目的に関するインタビュー調査の結果によると，①スーパーバイジーの人間的成長，②スーパーバイザーとスーパーバイジー相互の成長，③利用者のQOL向上，④スーパーバイジーの悩み軽減，⑤関係者および機関との連携強化，⑥事業所職員としての資質向上，⑦職場としての支援体制の強化，⑧知識・技術の向上，などの目的や課題が重視されていることが明らかになっている．
　SVにおける価値と倫理の問題に関連して小山は，「社会集団に共有される目的や信念」のことを「価値」とよび，価値の実現・達成を目指す集団のメンバーが了解する約束事のことを「倫理」とよぶとしている（小山, 2015）．この点で，ケアマネジメントにおいて重視される価値には生命の尊重やQOLの維持・向上が含まれることはいうまでもないが，それ以外にも基本的人権や自由・平等といった社会的な価値が存在することを忘れてはならない．
　ケアマネジメント・SVにおいては，スーパーバイジーがケアマネジメントの目的や理念をしっかり理解しているかという点に配慮しながら，必要に応じては目的や理念を再確認していく必要があるものと考えられる．また，価値と倫理に関連しては，利用者本人の希望と家族の希望が異なる場合や，認知症高齢者の身体・生命の

安全のために自由に一定の制限を加えなければならない場合などが発生する可能性がある．このような状況においてはケアマネジメントが目指す価値は QOL の維持・向上の問題にとどまらない．ケアマネジメント実践においては「個人の尊厳」「自己決定」「自立支援」「基本的人権」「安全の確保」「社会参加」などのさまざまな価値が関連していることを理解しておく必要がある．従って，SV においてこれらの問題に関わる際には，冷静にケアマネジメントにおける目的と理念，および価値を見つめ直すとともに，利用者・家族を含む関係者間で慎重な合意形成を図るための支援が必要とされる．また，スーパーバイザーはケアマネジメントがコミュニティケア実践の一環であることを明確に意識しながら，スーパーバイジーが関係者とのネットワーク強化に取り組んでいけるように支援していく必要がある．

2．ケアマネジメントにおける個別援助技術の問題

　ケアマネジメントの過程は「インテーク」「アセスメント」「ケアプラン」「ケアプランの実施，サービス調整・仲介」「モニタリング」と「再アセスメント」を経て，最終的に「集結」へ至る．スーパーバイジーは SV において，スーパーバイジーとともにこれらのプロセスが適切に実施されているかを吟味しなければならない．そして，問題が生じている場合は原因を分析しながら，OJT（On-the-Job Training；業務内の教育訓練）や OFF-JT（業務外の教育訓練）の手法を活用しながら適切なケアマネジメント実践を行えるよう支援していく必要がある．バイジー自身が自分で課題へ対処できると判断されるような場合は，SD（Self Development；自己啓発）を促していくことも大切である．

　ケアマネジメントにおいては，支援のプロセスに関する知識技術の問題とあわせて，ケアマネジメント実践のなかでは利用者や家族とのコミュニケーションのあり方が非常に重要である．スーパーバイザーは，日頃から受容・傾聴を重視する対人援助のコミュニケーションのあり方についてスーパーバイジーとともに確認し合っていく必要がある．スーパーバイジーが利用者や家族とのコミュニケーションに問題や不安を感じている場合は，その状況と原因を分析し対処の方法を検討するとともに，必要に応じて同行訪問を行ったり，ロールプレイの手法を活用したりするような支援が求められる．スーパーバイザーは，スーパーバイジーが抱えるコミュニケーションの課題へ対応する場合は，単にコミュニケーション技術の問題であるだけでなく，ケアマネジメントの価値や目的の理解と密接に関連している可能性についても考慮する必要がある．

　さらに，個別援助の技術に関しては利用者と家族が抱えているさまざまなリスク

への配慮や，公的な介護サービス以外に，近隣の人々やボランティアなどのさまざまな社会資源の有効活用に関する知識・技術が重要となる点も理解している必要がある．

3．関係者との連携

ケアマネジャーのケアマネジメント実践においては，利用者や家族とのコミュニケーションに止まらず介護サービス事業所との連絡調整のために医療・介護，その他の専門職との情報共有と連携が求められる．介護サービスに関わる関係者の連絡調整の場となるサービス担当者会議では，利用者とケアマネジャーが合意したケアプランの内容を，各サービス事業所の担当者と共有し，専門的な視点から意見を集約し，ケアプランの最終合意を目指す．サービス担当者会議の場を中心とするケアマネジャーの連絡調整においては，単に利用者家族の希望や要望の代弁者としての役割を果たすだけでなく，ケアチーム全体を統括するリーダーとしての役割が求められる．そのため，ケアマネジャーは日常の業務のなかで，それぞれの介護サービス事業所および関係機関の機能を正確に理解すると共に，各事業所の特徴や担当者の傾向などについての情報を収集整理しておく必要がある．

スーパーバイザーは SV を行うなかで，スーパーバイジーが各事業所の特徴や担当者の傾向をどれぐらい正確に把握しているかという点について留意しながら，ケアプランの目的と，それに関連する各種の情報共有の状況を確認していくことが求められるであろう．関係者との連携においては，メールを含む文書による記録の取り扱い，および口頭や電話での情報の取り扱いの方法に問題がないか，またプライバシーの保護に関する配慮は適切かなどと言った問題についてもスーパーバイジーとの間で確認を行っておく必要がある．

4．ケアマネジャーを取り巻く職場環境

ケアマネジャーを取り巻く職場環境の問題への取り組みは，基本的には SV のなかで取り扱うよりも組織運営の課題ないしはソーシャルアドミニストレーションの問題として取り扱うほうが適切であるように思われる．しかし，ケアマネジメントの SV を実践していくうえではスーパーバイジーのケアマネジャーと職場の組織や環境との間で生じるさまざまな問題への対応は避けることができない．SV を通して職場が抱えているさまざまな課題の解消に向けたアプローチを試みることは可能であり，より望ましい取り組みの方向性を示すものと考えられる．この点について

は，本章の第1節「1．ケアマネジメント・スーパービジョンの環境」でも触れており，スーパーバイザーが効果的な SV を実践していくためには，適切な SV の環境を整えていく必要があることが明らかになっている．

　具体的な職場環境に関わる課題としては，①同僚や上司との良好な関係の構築に関する課題，②職場内の取り決めやルールの確認とコンプライアンス遵守の課題，③職場内の各担当者の役割や権限の明確化の必要性，④SV を実施するために時間と場所の確保の問題，⑤職場内のチームアプローチと緊急時のバックアップ体制の整備，⑥IT 環境の整備，騒音対策，冷暖房の整備等物理的な環境の整備の課題等があげられる．これらの職場環境の問題や課題について SV のなかでスーパーバイジーとスーパーバイザーが取り組むことと平行して，職場全体が職場環境の改善のために組織的な取り組みを行っていく必要があることはいうまでもない．

　本章の末に「スーパービジョン環境の課題チェックリスト」を掲載しているので，職場環境の現状の課題について整理し，必要に応じて事業所内や地域の研修会等の場で，具体的な対応策を検討していくことが望まれる．

5．スーパーバイジーの姿勢や意識の課題

　スーパーバイザーとしての主任ケアマネジャーに対するケアマネジメント・SV に関するアンケート調査やインタビュー調査の結果からは，スーパーバイジーの仕事に対する姿勢や意識の問題が浮かび上がっている．たとえば，新人のケアマネジャーで知識や技術が十分とはいえないにもかかわらず，その自覚がないスーパーバイジーの場合はさまざまな支援の課題への気づきが不足し，効果的な SV を実施することができないことがある．逆に自分自身の課題を自覚し成長しようとする意欲がある新人の場合は効果的な SV を実施することができる．ケアマネジメントの目的をしっかり意識し，利用者のニーズを理解しようとするケアマネジャーは SV の意義をよく理解しスーパーバイザーの話を聞こうとするが，そのようなケアマネジャーばかりではない．ケアマネジメントに対する姿勢や，日頃の態度の問題を抱えていると思われるスーパーバイジーに関しては，ケアマネジメントの意義や目的に関する理解に問題があるのか，またはケアマネジメントに関連する知識技術に問題があるのかという点について精査しておく必要がある．スーパーバイザーはスーパーバイジーが抱えるケアマネジメントの意義や目的に関する課題と，スーパーバイジーの知識技術が不足している問題とを切り離して対応を検討していくことが求められる．

　通常の業務における姿勢や意識に問題が生じているスーパーバイジーへ対応する場合，スーパーバイザーはスーパーバイジーが抱えるさまざまな問題から一定の距

離を置いて SV を実施していく必要がある．スーパーバイジーが抱える周囲の職員や上司とのトラブルに直接巻き込まれてしまっている場合は，適切な SV の実施が困難となることを自覚しておく必要がある．また，SV を効果的に実践するための前提として，①SV の目的，機能，方法についてスーパーバイザーとスーパーバイジーとが共有する，②スーパーバイジー自身のスーパーバイジーとしての自覚と自分自身の問題への気づきを促すことの重要性が強調される．スーパーバイザーはこれらの問題に対応していくうえでは，①ケアマネジメントの目的，価値，理念，②スーパーバイジーのモチベーション・やりがい，③スーパーバイジーの知識・技術，④スーパーバイジーの職場内の位置，および人間関係，⑤利用者や家族とのコミュニケーションの状況等が複雑に絡み合っている可能性があることを理解しておく必要がある．

　これまで概観したようにケアマネジャーはケアマネジメント業務の遂行においてさまざまな問題を抱えている．そこでは，知識技術の問題，利用者と家族やサービス事業所の関係者とのコミュニケーションと連携，職場内の人間関係や職務分担等，さまざまな問題が複雑に絡み合っている．これらの問題のなかでも，とくに，スーパーバイジーがもっている好ましくない習慣や癖，偏った傾向などへの対応はスーパーバイザーにとって非常に悩ましい問題を含んでいると考えられる．たとえば，仕事から受ける重圧感に耐え切れないと訴える職員，挨拶や時間厳守ができない職員，何事にも消極的で責任をもとうとしない職員，効率的に仕事ができない職員，常に職場への不満を口にしている職員などがスーパーバイジーとなることがあり得る．こういった職員への対応は，一部 SV の領域から外れてしまう可能性はあるが，対応の必要性がまったくないということにはならない．少なくとも，スーパーバイザーは，SV の目的と方法をしっかりスーパーバイジーと共有し，SV のなかで，スーパーバイジー自身が抱えている具体的な課題への気づきをうながし，対応を考えていく必要があると考えられる．

6．スーパーバイザー自身の問題

　SV におけるさまざまな問題はスーパーバイジーから発生するとは限らない．スーパーバイザー自身が問題を抱えている可能性もあり得る．たとえば，スーパーバイザー自身の SV に関する知識が不足しているために，適切な問題への対処ができないといった場合や，スーパーバイジーの不安や怒りを受け止めることができない場合などが考えられる．スーパーバイザーが SV 実践のなかで感じている問題は，大別すると第 1 にはスーパーバイジーから十分な信頼が得られていないといったよう

な，SV関係の構築に関する問題が，第2には，自分自身の知識や技術が不足しているといったようなSVの知識技術に関する問題が挙げられる．

　これらの問題については，本章の末に「主任ケアマネジャースーパービジョンの課題（簡易版）」を掲載している．本チェックリストなどを活用して，自分自身の問題を検討する資料としていただきたい．スーパーバイジー自身が抱える問題への対応においては，関連する専門書籍を参考とすることもできるが，それだけでなく，同僚や先輩のスーパーバイザーと相談することや，さまざまな研修へ参加してより具体的な対処方法を身に着けていくことが大切であると考えられる．

7．スーパービジョンの記録のあり方

　2015年の「ソーシャルケアにおけるSV調査報告書」によると，主任ケアマネジャーが実践しているSVにおいて，しっかりした記録を取っているという回答は4割以下にとどまっている．日常の業務の合間に行われていると思われるピアSVにおいては，ほとんど記録がとられていないというのが現状である．

　SVの記録に関しては，だれが記録をとるのか，SVの記録の振り返りや評価をどの時点で，どのように行うのかといった点についての十分な合意形成なされていないように思われる．

　今後，ケアマネジメント・SVの機能を充実させてケアマネジメントにおけるサービスの質の向上を図っていくうえでは，地域のケアマネジャー協議会や事業所内で，SVの位置づけを明確にするとともに，SVの経過を記録にとり，その成果を評価していくことが必要であると考えられる．

8．スーパービジョン実践に関連する評価のあり方

　これまで見てきたように，ケアマネジメント・SVにはさまざまな課題が含まれている．スーパーバイザーとスーパーバイジーが抱える課題は個別に独立して存在しているのではなく，図Ⅲ-2にも示しているように複雑に関係し合っている．そのため，スーパーバイザーはSVの開始段階では，問題があまりに複雑に見えるためどこから手をつければよいのか迷うかもしれない．しかし，これまでケアマネジメント・SV評価モデルでも示してきたように，1つひとつの問題をていねいに見ていくと，それぞれの問題の背景や問題と問題の相互関係などを一定度明らかにすることは可能であると考えられる．そのようなSV実践の手助けとなるように，この章の末には，SVの現状を確認するための4つのチェックリストを掲載してある．以下，

それらのチェックリストについて簡単に説明を行う.

①主任ケアマネジャーのスーパービジョン自己評価（簡易版）

最初に掲げる「主任ケアマネジャーの SV 自己評価（簡易版）」はスーパーバイザーである主任ケアマネジャーが自分自身の SV 実践を自己評価するための評価票である. 質問項目は「支持的機能に関する実践」「教育的機能に関する実践」「管理的機能に関する実践」の３つのカテゴリーに区分されており，それぞれのカテゴリー毎の実践状況を自己評価することが求められている. 合計得点の評価の目安は次のようになっている.

　　 0 点 　〜　 45 点： 　総合得点は下位 16％に含まれており，SV 実践で大きな問題を抱えていることが推測される. 職場の上司や信頼がおける経験豊富で信頼のおける先輩の主任ケアマネジャー，または，SV についてよく理解している専門家などへ相談してみることが望ましい.

　　 46 点 　〜　 69 点： 　総合得点は平均以下であり，SV 実践の見直しが必要であると思われる. 見直しの際には，「行っていない」や「あまり行っていない」に該当する項目へ優先的に取り組むことで評価得点を上げることはできる. しかし，それだけでは不十分で，他の評価リストを活用しながら，対応が必要となっている問題が生じる背景についても考察していく必要があるものと考えられる.

　　 70 点 　〜　 94 点： 　総合得点は平均点を上回っており，SV の実践状況は普通ないしは良好とみなすことができる. 今後については，問題があると自己評価した項目について，具体的な対応策を講じ，着実に実践を積み重ねていくことが望まれる.

　　 70 点 　〜　 135 点： 　上位 16％に入っており，SV 実践は良好な状態にあることが推測される. さらに研鑽を重ねて，SV の実践力を高めるとともに，他の主任ケアマネジャーとコミュニケーションを取りあいながら，地域のケアマネジメントの質の向上のための取り組みに関わって行くことが望まれる.

②主任ケアマネジャースーパービジョンの課題（簡易版）

スーパーバイザーは SV の実践において，いくつかの悩みを抱えてしまうことがある. そのような悩みを，改めて客観的に整理しておくことは，SV を効果的に行

っていくうえで重要であると考えられる．SV 実践のなかでスーパーバイザーが問題と感じることは多岐にわたるが，これまでの調査結果からはスーパーバイザーとスーパーバイジーの関係構築が困難という課題と，SV の方法不明という 2 つのテーマが非常に重要であることが明らかになっている．「主任ケアマネジャーSV の課題（簡易版）」はスーパーバイザーの SV における関係構築困難な状況と SV の方法について不安の状況を確認するための自己評価リストであり，合計得点の分布とそれぞれの得点ごとの留意点は次のとおりである．

  0 点 〜 28 点：　この範囲の合計得点となったスーパーバイザーは問題が少ないほうの上位 16％に入っており，経験が豊富で，SV で生じるさまざまな問題に対しても適切に対応していることが推測される．しかしながら，実際には問題が発生しているにも関わらず，その問題に気づかないでいるという可能性もあるので，対人援助の専門職として自己点検を継続していくことが望ましい．

29 点 〜 35 点：　この範囲の，問題に関する得点合計は平均よりも低くなっており，比較的安定した状態で SV が実施されているものと推測される．しかし，問題があると自己評価した項目については，図Ⅲ-1 とその説明の箇所を参考に改善のための取り組みを検討していくことが望ましいと考えられる．

36 点 〜 43 点：　この範囲の得点は平均よりも高く，スーパーバイザーとしての悩みが多いことが推測される．さまざまな問題に悩むことは，スーパーバイザーとしての成長の契機となりうる可能性を秘めているので，問題から目を背けないでしっかり対応していくことが求められる．本章の第 1 節，第 2 節で述べてきたことなども参考にし，必要に応じて同僚や先輩の意見を聞きながら，問題に取り組んでくことが望ましい．

44 点 〜 55 点：　この範囲の得点は，困難を抱えている上位 16％に含まれており，スーパーバイザーとして抱えている課題が多く，非常に悩んでいることが推測される．とくに，SV の方法不明に関連する項目の得点が高い場合は，これまで述べてきたケアマネジメント・SV の現状と課題についての考察の結果等も参考にしながら，早急に対応を行う必要がある．SV の関係構築に困難を感じている場合は，SV の意義や方法について再

確認するとともに，先輩のスーパーバイザーや同僚へ相談をすることが必要である．

③スーパーバイジーが抱える課題のチェックリスト

この「スーパーバイジーが抱える課題のチェックリスト」はケアマネジャーであるスーパーバイジーがどのような課題を抱えているかを確認するためのチェックリストである．チェック項目は「ケアマネジャーの基本的な姿勢に関わる課題」「ケアマネジメントの質に関わる課題」「基本的な業務に関わる課題」「関係者との連携に関する課題」という4つの課題で構成されている．このチェックリストはスーパーバイザーがスーパーバイジーの抱えている課題を確認するために活用できるが，それだけではなく，スーパーバイジー自身に自分自身の課題を自己評価してもらうためにも活用することができる．スーパーバイジーとスーパーバイザーがいっしょにチェックを行うことも可能である．このチェックリストにより明らかになったスーパーバイジーの課題については，SV のなかで取り上げられ，問題を乗り越えるための取り組みを開始することが求められる．

④スーパービジョン環境の課題チェックリスト

最後に掲げる「SV 環境チェックリスト」は SV を実践する職場環境の課題を確認するためのものである．チェック項目は「研修システムの課題」「SV の意義認知の課題」「職場の風土の課題」という3つの課題により構成されている．ここで確認された課題については，SV の枠内だけではなく，職場全体で協議，検討する必要があるものと考えられる．

【文　献】

岩佐聡子（2002）ケアマネジメントの基礎，百瀬孝・和田謙一郎編著，改定ケアマネジメント』建帛社，9-18.

小山隆（2015）ソーシャルワーク・スーパービジョンの倫理，ソーシャルワーク・スーパービジョン論，中央法規，95.

白澤政和（1992）　生活を支える援助システム・ケースマネージメントの理論と実際，中央法規.

照井孫久（2008）岩手県における在宅ケアマネジメントに関する報告，岩手県長寿財団報報告.

奈良高志・白澤政和・中川昌弘(1998)　第2部ケアマネジメントの過程，白澤政和・橋本泰子・竹内孝仁監修，アマネジメント講座1　ケアマネジメント概論，中央法規，57-97.

野村豊子（2015）　スーパーバイジー・スーパーバイザー間の関係性，一般社団法人日本社会福祉教育学校連名監修，ソーシャルワーク・スーパービジョン論，中央法規，117-156.

野村豊子・照井孫久・本山潤一郎（2016），リーダーケアマネジャーのスーパービジョンにおける意義と課題，日本福祉大学社会福祉論集第135号，1-21.

マルコム・ペイン著，財団法人日本社会福祉士会監修，杉本敏夫・清水隆則監訳（1998）　地域福祉とケアマネジメント・ソーシャルワーカーの新しい役割，筒井書房.

山浦治夫（2012）　質的統合法入門　考え方と手順，医学書院.

主任介護支援専門員のスーパービジョン自己評価（簡易版）

NO	スーパービジョンで実践している事項	頻繁に行っている	よく行っている	時々行っている	あまり行ってない	行っていない
支持的機能に関する実践	スーパーバイザーとして，スーパーバイジーの怒りや不安を冷静に受け止めるようにしている．	5	4	3	2	1
	スーパーバイジーを萎縮させることがないよう配慮している．	5	4	3	2	1
	スーパーバイジーが利用者に接する際，言葉遣いや態度に問題がないか，常に注意している．	5	4	3	2	1
	スーパーバイジーが，自分自身の抱えている問題に自ら気づくことを重視している．	5	4	3	2	1
	スーパーバイジーが問題に対応する際，スーパーバイザーに頼り切りになることがないよう，十分配慮している．	5	4	3	2	1
	スーパーバイジーのケアマネジャーとしての成長を目指している．	5	4	3	2	1
	スーパーバイジーが，利用者や家族とのコミュニケーション上の問題を抱えていないか，常に注意している．	5	4	3	2	1
	スーパーバイジーが，利用者や家族の負担軽減のために有効な支援を行っているか，常に配慮している．	5	4	3	2	1
	スーパーバイジーが，利用者や家族の思い・要望について十分理解しているか，常に配慮している．	5	4	3	2	1
	ケアマネジメントで発生するさまざまなリスクについて，常に考慮している．	5	4	3	2	1
教育的機能に関する実践	スーパーバイジーが適切な課題分析をできるよう支援を行っている．	5	4	3	2	1
	スーパーバイジーが効果的にアセスメントをできるよう支援を行っている．	5	4	3	2	1
	スーパーバイジーが抱えている援助技術上の課題を明らかにするよう心掛けている．	5	4	3	2	1
	スーパーバイジーのプランニング技術が向上するための支援を行っている．	5	4	3	2	1
	スーパーバイジーが，利用者のニーズを理解し，ケアマネジメントの目的に沿ったサービス調整を行っているか，定期的に確認している．	5	4	3	2	1

		5	4	3	2	1
	自分が考えていることを適切に表現できないスーパーバイジーに対して，問題点を整理して話すことができるよう，支援している.	5	4	3	2	1
	スーパーバイジーが，ケアマネジメントの目的や意義について理解を深めるよう働きかけている.	5	4	3	2	1
	スーパーバイジーとケアマネジメントの目的や価値について話し合いを行っている.	5	4	3	2	1
	利用者の要望と家族の要望とが異なる場合，スーパーバイジーと問題を共有し，対応策を検討している.	5	4	3	2	1
	スーパーバイジーが利用者や家族とのコミュニケーション上の課題を抱えている際，支援を行っている.	5	4	3	2	1
	虐待などの深刻な人権侵害がみられた場合，スーパーバイジーと情報を共有し，対応を検討している.	5	4	3	2	1
管理的機能に関する実践	スーパービジョンの内容を記録として残している.	5	4	3	2	1
	スーパーバイジーに対して，スーパービジョンの目的や具体的な方法について説明している.	5	4	3	2	1
	スーパーバイジーの業務の適切さや成果を，自分自身で評価できるよう支援している.	5	4	3	2	1
	スーパーバイジーが，ケアマネジメントの意義や価値をどのようにとらえているか，理解するよう努めている.	5	4	3	2	1
	スーパーバイジーの援助技術（アセスメント，プランニング，実行，モニタリング，コミュニケーション技術等）を定期的に評価している.	5	4	3	2	1
	スーパーバイジーにとって必要な研修内容をスーパーバイジーとともに検討し，必要に応じて研修をバックアップしている.	5	4	3	2	1
	合 計 得 点					点

スーパービジョン実践状況について該当する番号に〇をつけてください.

（ソーシャルケア研究会　2018）

主任介護支援専門員のスーパービジョンの課題（簡易版）

スーパービジョン実践に際して感じている課題について，該当する番号に〇をつけてください．

NO	スーパーバイザーが抱える課題	頻繁にある	よくある	時々ある	あまりない	ない
スーパービジョン関係構築困難	スーパーバイジーとの価値観が異なるために，対応に苦慮する．	5	4	3	2	1
	スーパーバイジーとの信頼関係を形成することが難しい．	5	4	3	2	1
	スーパーバイザーとして，スーパーバイジーから十分な信頼を得られていないと感じることがある．	5	4	3	2	1
	スーパービジョンを行う際に，スーパーバイジーの抱えている問題が何であるのか理解できないことがある．	5	4	3	2	1
	スーパーバイザーとして，何のためにスーパービジョンを行うのかわからなくなることがある．	5	4	3	2	1
	スーパーバイジーが自分より年上であったり，ベテランであったりして悩むことがある．	5	4	3	2	1
スーパービジョンの方法不明	スーパーバイザーである自分自身に，スーパービジョンを行ううえでの知識・技術が不足している．	5	4	3	2	1
	スーパーバイザーとして，スーパービジョンの経験が十分でないと感じている．	5	4	3	2	1
	スーパーバイジーの気づきや省察を促すことが難しい．	5	4	3	2	1
	スーパービジョンについて，学ぶ機会が少ない．	5	4	3	2	1
	スーパービジョンの経過をどのように記録したらよいかわからない．	5	4	3	2	1
合　計　得　点						点

（ソーシャルケア研究会　2018）

スーパーバイジーが抱える課題チェックリスト

スーパービジョンを行っているスーパーバイジーについて該当する項目をチェックしてください.

1 ケアマネジャーの基本的な姿勢に関わる課題	（該当する）
(1) スーパーバイジーは，理想と現実のギャップに戸惑っている.	□
(2) スーパーバイジーは，上司や同僚などの意見を聞き入れない.	□
(3) スーパーバイジーは，自分自身の感情をコントロールすることができない.	□
(4) スーパーバイジーは，利用者や家族から拒否的な反応を示される.	□
(5) スーパーバイジーは，自分自身が失敗することを極度に恐れている.	□
(6) スーパーバイジーは，自分の対応の振り返りができていない.	□
(7) スーパーバイジーは問題を早期に解決しようとして，十分な先の見通しなしに不適切な行動を取る.	□
(8) スーパーバイジーは，自分の思っていることを適切に整理して話すことが苦手である.	□
(9) スーパーバイジーは，スーパービジョンを受ける際の課題が不明確である.	□
(10) スーパーバイジーは，ケースを自分一人で抱え込んでしまう.	□
(11) スーパーバイジーは，利用者の受容がうまくできない.	□

2 ケアマネジメントの質に関わる課題	（該当する）
(1) スーパーバイジーは，コミュニケーション能力が低いため，利用者や家族の思いを十分に理解できていない.	□
(2) スーパーバイジーは，利用者や家族の利益を十分に配慮していない.	□
(3) スーパーバイジーは，利用者や家族のニーズに十分対応できていない.	□
(4) スーパーバイジーは，介護支援専門員としての明確な価値観をもっていないと思われる.	□
(5) スーパーバイジーは，家族との援助関係を適切に形成できていない.	□
(6) スーパーバイジーのコミュニケーション能力に課題がある.	□
(7) スーパーバイジーの行っているケアマネジメントプロセスが，不明瞭である.	□
(8) スーパーバイジーは，個別援助技術を高めるための努力をしていない.	□
(9) スーパーバイジーのアセスメント能力に課題がある.	□

3 基本的な業務に関わる課題	（該当する）
(1) スーパーバイジーは，適切なケアプランの作成を行うことができない.	□
(2) スーパーバイジーは，ケアカンファレンスの実施方法に問題がある.	□
(3) スーパーバイジーは，適切なモニタリングを実施していない.	□
(4) スーパーバイジーは，インフォーマルな社会資源の活用が不十分である.	□
(5) スーパーバイジーは，利用者のQOL向上のための課題分析が十分にできていない.	□

4 関係者との連携に関する課題	（該当する）
(1) スーパーバイジーは，利用者や家族に対して必要な情報を提供していない.	□
(2) スーパーバイジーは，サービス事業所などの関係者に対して必要な情報を提供していない.	□
(3) スーパーバイジーは，職場の同僚との情報共有が不十分である.	□
(4) スーパーバイジーは，利用者や家族の話を聞こうとせず，自分の意見を相手に押し付けようとする.	□
(5) スーパーバイジーは，関係機関と連携する際，連携の目的や方法を明確に意識していない.	□
(6) スーパーバイジーは，家族やサービス事業所などの関係者間の意見が明らかに異なった場合，適切に対応することができない.	□

（ソーシャルケア研究会　2018）

スーパービジョン環境の課題チェックリスト

職場における研修システムやスーパービジョンの環境について該当する項目をチェックしてください.

1 研修システムの課題	（該当する）
(1) 職場のなかで経験が浅い介護支援専門員に対する教育訓練システムが整えられていない.	☐
(2) 職場全体の研修システムが整っていない.	☐
(3) 職場の OJT がうまく機能していない.	☐
(4) 職場のなかで, 新人教育の担当者が明確になっていない.	☐
(5) スーパービジョンの記録を取ることができない.	☐

2 スーパービジョンの意義認知の課題	（該当する）
(1) 職場内にスーパービジョンの必要性を認める伝統や価値観がない.	☐
(2) 職場の上司がスーパービジョンの必要性を認めていない.	☐
(3) ケース検討において, 議論の内容ではなく, 発言者の組織上の地位で物事が決まることがある.	☐

3 職場の風土の課題	（該当する）
(1) 職場には, 職員同士がゆっくりと落ち着いて話し合う雰囲気がない.	☐
(2) 職場で, スーパーバイジーが相談しやすい雰囲気をつくることができない.	☐
(3) ケアマネジメントの方法に問題があるとわかっていても, 職員同士が互いに指摘し合うことはない.	☐
(4) スーパーバイジーの人数が多いために, 適切なスーパービジョンを行う時間を取ることができない.	☐

（ソーシャルケア研究会　2018）

リスクマネジメントの視点

　ケアマネジャーはその業務のなかでさまざまなリスクに直面する．転倒，骨折，誤嚥・誤飲，感染症など介護のなかで発生する事故は，利用者の身体生命に重大な影響を及ぼすために，関係者全員が日ごろから事故発生の危険性を予知し，予防に努めることが求められる．万が一事故が発生した場合は，被害を最小限に抑えるための適切な対応を取ることが求められる．介護事故への対応において，ケアマネジャーは日ごろから利用者の心身の機能や状態の変化についてしっかりアセスメントを行い，介護のなかで発生する可能性が高いと予測される危険性について介護サービス事業所の担当者と共有し，具体的な対策を講じておくことが求められる．実際には，ケアマネジャーが関わるリスクは介護事故だけにとどまらず，利用者や家族からのケアの内容や費用に関する苦情や，コンプライアンスの問題も含まれる．また，震災や洪水などの災害時の緊急対応が求められる可能性もある．

　リスクという言葉は，もともとはイタリア語の「リスカーレ」から生じたものであるといわれる．「リスカーレ」には「勇気をもって試みる」という意味があり，たとえば暴風による難破や海賊に襲われる危険を冒して，あえて船を出港させるというような場合にも用いられていたようである．現代では，「リスク」という言葉はほとんど「危険」と同じ意味で用いているが，本来は何らかの目的に向けたチャレンジのことを意味していたものと思われる．とはいえ，現在主流となっている"リスク＝危険"という視点は徐々に修正されつつある．実際に，リスクの定義について「ISO31000　2.1」では「リスクとは，ある目的をもった行為が行われる際に生じている，その行為が"好ましい結果"を生み出すか"好ましくない結果"を生み出すかという点についての"不確かさ"を意味する」としている．この定義では「リスク」は「危険」だけに焦点を当てるものではないことを明確に示している．

　このリスクの定義をケアの場面に当てはめてみると，ケアサービスを提供するということは利用者や家族の生活とQOLを支える"好ましい結果"と，そこで発生する可能性のあるさまざまな介護事故による"好ましくない結果"の双方を含んでいるものと理解することができる．スーパーバイザーがスーパービジョンのなかでケアにおけるリスクの問題に関わる際には，"好ましくない結果"として生じる「危険」としてのリスクの全面的な否定がケアの"好ましい結果"の否定につながる可能性があることに留意しなければならない．ケアサービスの提供に伴うさまざまな

危険を避けるために，利用者の QOL を無視することがあってはならないのである．
　ケアマネジメント・スーパービジョンにおけるリスクへの関わりでは，ケアの質を確保しながら，事故の発生を防いでいくために，ケアマネジャーはどのような対応が可能かという視点が重要である．スーパーバイザーは，スーパーバイジーがさまざまなリスクに対してどのような観点から対処しているかという点を確認しながら，介護事故や利用者からのクレームへの対応のための具体的な方法を模索していくことが求められる．

支援すること

　毎日の日常生活において，困ったとき，助けてもらったことに感謝することは多くある．学生時代に，財布をなくしたことに気づきお寿司屋さんのレジで立ち往生したとき，山へトレッキングに行って車に戻りポケットに入れたはずの車のキーがなくなっていることに気づいたときなど，プライベートでもいろいろと助けてもらったことがある．お寿司屋さんのレジでは，駅構内の「ATM ですぐにお金を引き出してきますから」といっている間に，後に並んでいたお客さんが，「いくら？」といって代わりに払ってもらったとき，思わず「ありがとうございます」といった．そして，ATM ですぐにお金を引き出して，お返ししようとするが，「いいよ」といわれたシーンは，いまでも鮮明に記憶に残っている．また，車のキーをなくしたとき，真っ先に JAF に連絡するかどうするか思いを巡らしながら，いま歩いてきた道を少し戻ってみる．もう少しもう少しと歩きながら，あと 15 分ほど歩いて見つからなかったら，諦めようとしたとき，山を降りてきた人が，落ちていた車のキーを手にしているのをみたとき，思わず「ありがとう」と言葉が出る．これらのシーンは，第三者が聞いても，感動するものであるし，もし逆の立場だったら，「そうしてあげたい」と思うものである．

　「困っている人」を「助ける人」，その間には「人の心」と「感謝・感動」のやり取りがある．仮に，見知らぬ第三者の登場がなければ，すなわち，お寿司屋さんで私が駅構内の ATM でお金を引き出して支払ったならば，あるいは車のキーをなくして JAF をよんで解決したならば，そこにはもちろん感謝の気持ちはあるものの，それを打ち消すかのように「お金」のウェイトが大きくなっているようにも感じられる．「お金」は，その役割を果たすものが，あらかじめ決められた報酬として支払われる．してもらって当然という気持ちが，感謝の気持ちを打ち消すのだろうか．一方，突然の出来事には，あらかじめ決まった役割もないので，その報酬，すなわちお返しとしてなにをしてあげたらよいか悩みながらも，まずは「ありがとう」という言葉が出てくるのではないだろうか．

　デイサービスの送迎において，ご家族の方から「毎日送り迎え大変ですね．ありがとう」といって，菓子折りを渡されようとするときがある．せっかくの気持ちだから受け取らないとお互いに後味が悪そう，と思いながらも「ありがとうございます」といってお断りする．いつもうちのおばあちゃんをみてくれてありがとうとい

う感謝の気持ちが「心」として表れる.

　デイサービスにおける介護という決められた役割に対する報酬は,介護報酬として「お金」で支払われる.しかしそれとは別に,突然,目の前に表れたご家族の方からの感謝の気持ち,その「心」に対して素直に「感謝」できる職員でありたい.人と人との間に突然として起こることは,あらかじめマニュアル化できるものではないだろう.しかし,職員としてすべきことは,毎日の振り返りから生まれ,そのなかからあるべき「心」が生まれるのではないだろうか.介護の現場で働く人の「心」を豊かにするために,職員自らが自分を振り返ることとともに,それを組織として「支援すること」は,職員を育てるということでもあり,また職員を通して利用者に対して「支援すること」にもつながるのではないだろうか.

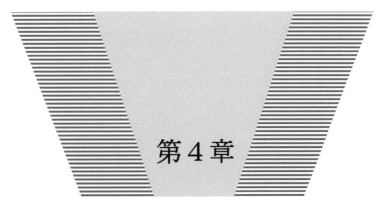

第4章

認知症ケアにおけるスーパーバイザーへの
スーパービジョン枠組みと実際

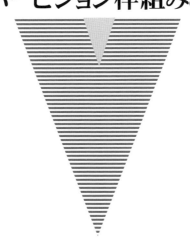

I 認知症ケアの実践場面の特徴とスーパービジョンの関係

　2015年度より認知症ケア現場における中核人材へのスーパービジョン（以下，SVと略）を研究会方式で行ってきた．実践現場のSV事例を通して，認知症ケア現場におけるSVの特殊性がみえてきた．それはひと言で言うならば，SVが複層的であるということである．
　本章では，認知症ケアにおける複層的SVに述べていくとともに，SVで取り上げられた事例について，その内容分析を行う．

1．認知症ケアの実践場面の特徴

　認知症ケアは，高齢者福祉施設においてはもはや「スタンダード」となりつつある．特別養護老人ホームの場合を考えてみると，原則要介護度3以上が入所の対象となっていること，また，グループホーム等も含めて多くの高齢者は在宅生活が困難な状況になった背景として，ADLの低下以外にも認知機能能力の低下があるという点にある．つまり，認知症の進行状況は異なっていても，認知症高齢者のケアをすることは特別なことではないのである．認知症ケアの実践場面で職員が感じていることには次のような特徴がある．

　①特別養護老人ホームなど，重度化，重症化した高齢者の生活の場では，入居時にすでに要介護度が高いことも多いため，高齢者本人の意志が確認し難い．
　②認知機能の低下している高齢者の言動から真意をつかむことができないために，常に「〇〇かもしれない」という推測のなかで，相手のニーズを捉えることになる．
　③うまくいったケアもうまくいかなかったケアも，日々繰り返されるケアのなかでかき消されていくことが多く，自分自身で振り返ることが難しい．
　④自分が特定の高齢者についてケアがうまくいかないと思っていても，他の職員はうまくいっていると聞いたり，その逆の状況もあり，なぜそのようになっているのかがわからないままになっている．
　このような状況において，自らのケアを振り返る機会や共有する機会をどのよう

に担保することができるのだろうか. 少なくとも, ケース検討やカンファレンスでは, ケアの方針や情報の共有が中心となるため, 直接的に職員の振り返る機会とはならない. さらには, このような悩みをもつ職員を支えていくことは, 本来ならば, スーパーバイザーとしての経験を必要とする.

2. スーパービジョン関係を可能にする組織形態

1) スーパーバイザーとスーパーバイジーの関係性
SV を実施する際には, まずスーパーバイザーとスーパーバイジーとの関係性が問われることになる. それは, スーパーバイジーにとって SV をする人が, 自分のスーパーバイザーであるという認識をもっているかということである. この前提の上に SV は成り立っている. スーパーバイザーとなるのは, 一般的には同職種の上司といわれている. しかし, グループホームなど認知症高齢者の特性に配慮した地域密着型のサービス事業所の場合には, 前提のようにはいかない. 小規模事業所では, 直属の上司が看護師であることや, 管理者の有している基礎資格が理学療法士や作業療法士であることも少なくない. ケア現場のなかでもとくに認知症ケアを主とする事業所で行われる SV では, 同職種であるかということ以上に, スーパーバイジーにとって上司と認識しているのがだれであるのかが重要となる.

2) 職場内のスーパービジョンの取組みの状況
認知症ケア現場において, リーダー的な役割をすでに担っていると考えられる認知症介護指導者に対して, どのように SV を展開しているのかについてアンケートを実施した. アンケート調査の対象としたのは, 認知症介護指導者養成研修を修了し 1 年以上が経過し, 同フォローアップ研修を 2012 年度, 2013 年度に受講した者である.

回答者 21 名の平均年齢は 44.8 歳, 平均実務経験年数は 16.6 年であった. 役職は, 施設長・管理者が 8 名, 係長・課長が 7 名, 主任・チームリーダーが 4 名, その他 2 名であった. 勤務先は, 特別養護老人ホームが 8 名, 老人保健施設が 2 名, グループホームが 3 名, 通所介護が 5 名, 地域包括支援センターが 2 名, 病院 1 名であった.

職場内において, SV を行っていると回答したのは 18 名, 行っていないと回答したのが 3 名であった. 認知症介護指導者が勤務している事業所において約 80%が SV を実施していることがわかった.

また, その SV を自らがスーパーバイザーとして実施したことがあるかついては,

表IV-1. スーパービジョンとスーパーバイザーの経験 （n=21）

	ある	ない
自身の事業所でのスーパービジョン	18	3
事業所内でスーパーバイザーとしての経験	16	5

「ある」と回答したのが 16 名，「ない」と回答したのが 5 名であった（表IV-1）．回答者は，職場において管理的役割やスタッフをまとめていく役割を担っている者が多いものの，SV の担い手とは必ずしもなっていないのである．

スーパーバイザーとしての経験のある 16 名に対してこれまでにどのような SV を行ってきたのかについて頻度・対象・方法などについて表IV-2 のように分析をした．C から R は，16 名のそれぞれの回答である．SV の頻度は，多いところで週 2～3 回，必要に応じて行いながら，定期的に行っているという回答もみられた．SV の対象については，職員を対象にしたもの，各部署の主任・副主任を対象にしているところ，介護職と看護職の両方を対象にしているところ，事務職員に対しても SV の対象としているところがあった．

SV の具体的な場面や方法は，ライブ SV，GSV，個人 SV が挙げられた．内容は，職員個人の目標の設定や人間関係，日ごろの関わりを振り返りケア観を掘り下げる，利用者の対応について，人間関係，職員本人のキャリア形成，チームをまとめることについて，他のスタッフとの関わりや，業務についてといったものがみられた（表IV-2）．

3）スーパーバイザーを支援する必要性

ケア現場においてスーパーバイザーを担うようになると，部下のスーパーバイズをする機会が多くなり，日々の業務のなかでも助言や指導の回数が多くなる．しばしば判断を求められたり，決定しなければならない立場になることもある．しかしながら，実はスーパーバイザーを担うものが必ずしもスーパーバイズ経験があるとは限らないのが現状である．

筆者らが 2015 年に行った認知症介護実践リーダー研修受講者へのアンケート調査によれば，図IV-1 に示すとおり，特別養護老人ホームや認知症グループホームなど主に入居施設に勤務する職員 478 名のうち，スーパーバイザーとしての経験が「ある」と回答したのが 293 名，「ない」と回答した者が 181 名だった．また，これまでのスーパーバイジー経験については「ある」と回答したのが 181 名，「ない」と

表Ⅳ-2. 職場内スーパービジョンの内容

			計	C	D	E	F	G	H	I	J	K	L	M	N	O	P	Q	R
頻度	定期的	週2〜3回	1	●															
		月1回程度	5		●	●	●	●	●										
		3か月に1回	3							●	●	●							
		半年に1回	1										●						
		年に1回	1											●					
	必要に応じて		10		●	●			●		●	●			●	●	●	●	●
対象者	主任・副主任・管理者		3	●														●	●
	介護職員		14	●	●	●	●	●	●	●	●	●	●	●	●	●	●		
	看護職員		1				●												
	事務職員		1													●			
内容	部下の職員の育成に関すること		2															●	●
	チーム形成		1	●															
	高齢者援助について		7			●	●					●	●		●		●		
	日々の振り返り援助観		3					●	●		●								
	職員の人間関係		5	●	●								●		●				
	介護現場で起きている課題		2			●				●									
	キャリア形成について		1											●					
	個人目標の設定		1			●													
方法	グループスーパービジョン		4			●			●	●						●			
	個人スーパービジョン		8	●	●	●		●			●	●						●	●
	ライブスーパービジョン		2											●		●			

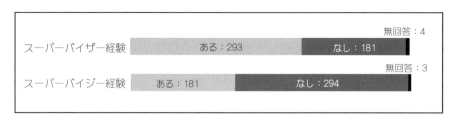

図Ⅳ-1. 実践リーダー研修受講者のスーパービジョン経験

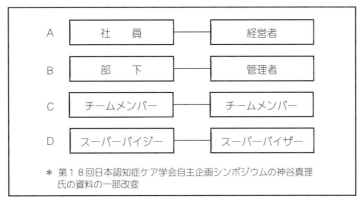

図Ⅳ-2．複数の役割をもつ場合の職員との関係性

回答したのが294名であった[1]．つまり，ケア現場においてSVを行っているにもかかわらず，自らはこれまでSVを受けたことがないという実践者が半数以上だということが明らかになったのである．SVを受けた経験がない実践者をスーパーバイザーにしていくためには，その人たちへの教育や支援は必要であり，急務となる．

3．認知症ケア現場の複層的スーパービジョンとは：小規模事業所での課題

　グループホームをはじめとする小規模事業所の設置主体は，多岐にわたっている．2017年度介護サービス施設・事業所概況調査によれば，全国にグループホームは13,346事業所，認知症対応型デイサービスが4,146事業所，小規模多機能型居宅介護が5,342事業所あるという．また，グループホームの50%以上は営利法人による経営であることも明らかになっている．

　株式会社や有限会社などの営利法人の法人格で運営している事業者のなかには，自分が思い描いてきたケア理念を実践するために施設を立ち上げたという人たちもいる．そういった経営者であり実践者でもある人たちの施設内での役割は，きわめて複層的である．図Ⅳ-2は具体的な役割である．

 A．経営者としての立場：小規模事業所の安定した経営のために，常に入居者を確保し，職員の確保を行うという視点で仕事をする．また，第三者評価や監査項目などに忠実に運営基準に沿って運営することに注意を払う．経営者の立場では，雇用している職員は「社員」という位置づけになる．

 B．管理者としての立場：小規模事業所の安定した運営のために，職員の勤務シフトを組み，入居者家族との連絡調整などを行う仕事をする．この場合には，管理者の下で働く職員は「部下」となる．

C. ケアチームの一員として働く立場：自らも夜勤などのシフトにも入りながら介護を行っている場合には，いっしょに働く職員は「チームメンバー」となる．

D. スーパーバイザーとしての立場：小規模事業所で SV を展開しようとする場合には，A〜C の立場にありながらスーパーバイザーの役割を担うこともある．その場合には，職員はスーパーバイジーとなる．

このような 4 つの立場がある者が，SV をしていくなかで生じるのが「自分はいま，どの立場で SV しているのか」という困惑である．経営者兼管理者がスーパーバイズをしようとするとき，思い描く理想の事業所を作っていくために職員を自分の理想の職員像により近づけようとすることがある．そうすると，SV で大事にしなければならない「職員の成長に合わせる」や「職員自身のケアに対する考え方や思いを大事にする」からかけ離れてしまう．SV といいながらも，結果的に職員を理想に近づくように引き上げていくことになり，スーパーバイザーの主観や価値観が入りやすくなる．だからこそ，複層する立場にあるということを意識化できるような SV が必要となるのである．

事例をスーパービジョンとして展開する視点

1. 認知症ケアのスーパービジョン事例

1) 認知症ケアのスーパービジョン研究会の概要

　認知症ケアのSV研究会（以下，研究会）は，おおよそ2か月に1回開催してきた．SVを受ける時間は，1人当たり40分〜1時間程度である．SVでは，オブザーバー参加者もいることから，スーパーバイジーが提出したSV事例を基にロールプレイなども用いている．事前に自分が振り返りたいSV場面について記述した「スーパービジョン振り返りシート」を提出してもらい，当日参加者全員に配布する．また，オブザーバー参加者は，「スーパービジョン観察シート」を記入する．「スーパービジョン観察シート」とは，観察したSVがどのような学びになったのか，また気づいたことを記述するものである．スーパーバイジーは，SVを受けて感じたことを振り返るシートへ記入し，SVの満足度を5段階で評価する．

2) スーパービジョン研究会の参加者と実施回数

　本研究会の参加の条件は，2015年の当初から次の3点としてきた．1つは，認知症介護指導者養成研修を修了していることである．認知症介護指導者になるためには，認知症介護実践リーダー研修を修了している．カリキュラムには，SVが含まれているため，すでにSVの基本について学習を終えているためだ．もう1つは，実際にスーパーバイザーとして職場でSVを行っていることである．本研究会は，参加者が行ったSVをスーパーバイズするという方法で進めているため，参加者自体にスーパーバイザー経験がないと主体的に研究会に参加することができない．最後に，参加者自身が，SVを受けるための事例を提出できることである．研究会に参加したのは，以下の表Ⅳ-3の基礎資格を有した人たちである．

3) スーパービジョンの内容

　2015年4月から2017年3月までに行ったSVは，計45セッションであった．内訳は，個人SVは35セッション，グループスーパービジョン（以下，GSVと略）は10セッションであった（表Ⅳ-3，Ⅳ-4・5）．

表IV-3. 参加者の基礎資格と勤務先

	基礎資格	勤務先	役職
1	介護福祉士	有料老人ホーム	統括主任
2	介護福祉士	特別養護老人ホーム	介護主任
3	介護福祉士	地域包括支援センター	地域連携推進員
4	介護福祉士	グループホーム	管理者
5	認知症認定看護師	特別養護老人ホーム	スーパーバイザー
6	介護福祉士	グループホーム	統括
7	社会福祉士・介護福祉士	グループホーム	管理者
8	介護福祉士	特別養護老人ホーム	係長
9	介護福祉士	特別養護老人ホーム	ケアマネジャー
10	介護福祉士	老人保健施設	支援相談員

（1）グループスーパービジョンの特徴

　GSV の 10 セッションでは，利用者の個別事例への対応に関するもの，職員自身の悩みや職員間の調整，運営に関するものがみられた．GSV を行った事例では，同じ職種間で行われていた．たとえば，ケアマネジャーの悩みの場合には，ケアマネジャーが集まって SV を行っていた．また，ユニットリーダーがうまく職務を担えていないという SV では，別のユニットのリーダーとともに行っていた．

（2）個人スーパービジョンの特徴

　個人 SV では，利用者の対応に関することや，管理的立場にある職員が，部下をまとめることに関する悩みなどへの SV があった．管理的立場にある職員が，SV を受けようとするときに，この研究会の参加者がその職員のスーパーバイザーとなっていることも明らかになった．

　利用者の対応に関することでは，興奮や帰りたい，他人の物を持ち去るというような認知症高齢者の行為・行動への対応に困っていることへの SV が目立った．SVセッションで扱った事例を分類すると，おおよそ 6 つに分類することができた．以下，その内容について若干触れておく．

①新人職員：利用者への対応がうまくいかないことに困っている新人職員に関する SV では，キーワードとして「帰宅欲求」「入浴拒否」「利用者の気持ちの変化」があげられた．これらは，認知症高齢者が環境になじめないことによって表出する行動や，言語理解が困難になっていることによる他者との意

表IV-4. 取り扱ったスーパービジョンの内容【個人】

個人スーパービジョン	新人職員	入職 3 か月の職員の悩み―帰宅欲求の強い利用者の気持ちを助長させてしまったことへのスーパービジョン
		新人職員が対応すると入浴拒否が強くなる利用者の入浴支援に悩む管理者へのスーパービジョン
		他人の物を持ち去ってしまう入居者への対応に困る入職 1 年の非常勤職員へのスーパービジョン
		「デイに行きたくない」気が変わってしまった利用者をどうすればよいか―1 年目で 40 件担当するケアマネジャーの悩みへのスーパービジョン
		「あんたに怒られた」と身に覚えのないことを言われ続け困惑する入職 1 年の職員へのスーパービジョン
	個別ケースへの対応	ショートステイ利用者の頻回なトイレ指導ができないと職員から訴えられているリーダーへのスーパービジョン
		入居者への不適切な対応をしていた職員へのスーパービジョン
		職員への呼びかけが以前より増大し，職員も主任も疲弊してしまっている状況に対するスーパービジョン
		職員への呼びかけが絶えずある利用者の対応が統一できずに悩むリーダーへのスーパービジョン
		こだわりが強く，突然怒り出す利用者の送迎に時間がかかり，このストレスを他の人にもわかってほしいと思う職員へのスーパービジョン
		ショートステイ利用者の夜間興奮が収らず対応に困る職員へのスーパービジョン
		重度認知症高齢者のニーズがわからない―計画策定担当者へのスーパービジョン
		認知症の人の自己決定はあるのかと悩んでいるケアマネジャーへのスーパービジョン
		下着を排水溝に詰めてしまう利用者にその行為ができないような環境にして解決したと考えるユニットリーダーのスーパービジョン
	リーダーの役割	ある職員の「愚痴」が多いことに対して，周りの職員も不快に思っている状況打開に向けたスーパービジョン
		興奮が絶えず周りの利用者が怖がってしまう状況をどうしていけばよいのか―チームケアをどのように進めていけばよいか悩む管理者へのスーパービジョン
		職員にどのように伝え，どのように立ち振る舞えばよいのかわからないユニットリーダーへのスーパービジョン
		「女性にはできない」と仕事を断る職員への対応に困る男性介護主任に対するスーパービジョン
		「帰りたい」と訴える利用者につられてユニット全体が帰りたい雰囲気になることへの対応―できていることを認める管理者へのスーパービジョン
		ユニットリーダーへの昇格が決まった職員の期待と不安に対するスーパービジョン
		介護主任に昇格したもののユニットリーダーと職員とうまくコミュニケーションができないことへのスーパービジョン
		部下の言動に関心のない介護主任へのスーパービジョン
	価値・倫理	寝たきりにさせたくない思いと，利用者を信用できない感情が錯綜する職員へのスーパービジョン
		入居者から依頼された買い物を休日出勤して届ける職員に対するスーパービジョン
		「私は間違っていない」スーパーバイザーに認めてほしい退職希望の職員とのスーパービジョン
		認知症だとしても利用者からの暴力は許せない職員の専門職の価値観の変容をめぐるスーパービジョン
	利用者主体	利用者の意思を尊重したケアをめぐる職員間の連携ミスがもたらした複雑化した人間関係に関するスーパービジョン
		娘からのお小遣いをいつも身に着けておきたい利用者に対して紛失を恐れて管理してほしい職員へのスーパービジョン
		退院後に生活意欲の高まった利用者を統一したケアで支えていくための情報共有―危険リスク回避と利用者の思いの実現との狭間で悩む管理者へのスーパービジョン
		本人の大事にしていることは変えたくない―職員の思いを引き出しケアの方法を共に考えたスーパービジョン
	業務管理	人手不足と稼働率に悩む管理者の苦悩に関するスーパービジョン
		自分だけ特別に許してほしい―ルールを守れない職員へのスーパービジョン
		重介護者が多いため新規入居を受け入れないと断る職員と受け入れてほしい施設長との間で生じた葛藤へ関するスーパービジョン
		施設長の引き継ぎ業務が上手くいかず安定した運営ができるのか不安に思っていることへのスーパービジョン
		稼働率を上げるための会議における報告をめぐる助言―組織運営側に明確に伝えていくための方法に関するスーパービジョン

表IV-5. 取り扱ったスーパービジョンの内容【グループ】

グループスーパービジョン	業務管理	施設内の課題を把握しないまま人材育成をする担当者へのグループスーパービジョン
		業務体制の変更にともなう介護主任たちの不安と葛藤へのグループスーパービジョン
	人材育成	担当した新人が上手く育成できず退職してしまい，自信を失った職員とチームへのグループスーパービジョン
		スーパービジョンをするつもりが OJT やファシリテートに終わった―講座を任された部下とのやりとり―
	チーム形成	ケアの困難さやトラブルを「一人の職員の問題」から「職場の課題」に昇華していく視点にするためのグループスーパービジョン
	個別ケースへの対応	否定されることが「怖い」―男性リーダーしかケアさせてもらえない利用者への対応をめぐるグループスーパービジョン
		転倒を繰り返す利用者に落ち着いてもらいたいがどうしたらよいかわからないチームのグループスーパービジョン
		不定主訴がある利用者の対応の統一に向けたグループスーパービジョン
		帰宅したい利用者への対応が分からず，どうすればいいか戸惑う新米管理者と職員を交えたグループスーパービジョン
		夕方に落ち着かない利用者にドライブで気分転換してもらうことは可能か―非協力的な職員を含めたグループスーパービジョン

思疎通の難しさ，さらに短期記憶を保持することが難しいことによって起因すると考えられた．しかし，必ずしもケアに必要となる知識を事前に学んでいる職員ばかりではなく，このような場面に遭遇したときに職員自身がどのように対応すればよかったのかについて悩む．SV で提出されたこのような事例は，SV を意識して行ったにもかかわらず「事例検討」となってしまうケースもみられた．「帰宅欲求」「入浴拒否」「利用者の気持ちの変化」にどのように職員が対応したのか，ということに焦点を当ててしまい，そこでの対応や利用者の言動をどう理解したかということを確認しているのにすぎないものもみられた．

　研究会では，どの過程で事例検討になってしまったのか，各場面でスーパーバイザーとしてどのような質問を投げかければよかったのかをもう一度行ってみることで，スーパーバイザーとしての役割を学んでいった．

②個別ケースの対応をめぐるスーパービジョン：特定の高齢者のケアをめぐり，職員間のコミュニケーションがうまくいかないことに対するリーダーからの相談や，高齢者の訴えがわからず職員がその都度対応してきた結果，職員が疲弊してしまっているという事例が提出された．また，職員だけが疲弊しているわけでなくリーダーも疲弊しており，どのようにすればよいかわからない状況に

なっている事例もあった.

通所介護の送迎場面で，高齢者と1対1の対応を行う職員の事例では，高齢者が突然怒り出してしまい，自宅を出たくないという状況が続いていた．職員は，うまく誘い出せないことへのストレス，そしてこの状況を同僚らがだれもわかってくれないことに不満を抱いていた．このような仕事がうまくいかないことやそれを他の職員に理解してもらえていないことへのいらだちにまつわるSVもみられた.

③リーダーの役割に関すること：リーダーの役割に関することでは，ある職員の業務に関する愚痴が多いことについて，周囲の職員が不快に感じており，どう対応したらよいかわからず，上司としてどのように伝えればよいかがSVのテーマとなった．また，介護主任へのSVの例では，部下の言動に関心がないために，介護主任に対して発せられる職員からの多くの言葉を聞き流してしまっていることに対するSVが行われた.

④価値・倫理に関すること：ケアの現場における価値・倫理に関することでは，職員自身が高齢者に抱くさまざまな感情と，専門職としての態度がおもなテーマとなっていた．たとえば，寝たきりにさせたくないという入居高齢者への思いが強く，自分の身内と入居している高齢者とが重なってしまう職員は，高齢者に対してとても厳しく接し，ADLの低下を避けたいと思いケアしていた．しかし，こんなにも高齢者のことを思っているのに，どうして高齢者はすぐに職員の助けを求めてくるのか，自立しようとしないのかという思いが蓄積されていった．その思いは，しだいに高齢者を信用できないという潜在的な思いへと変わっていった.

別の事例では，認知症の人が感情を言葉で表現することが困難になってくると行動で示すことがあるが，職員に手を上げるという高齢者のことがどうしても許せなかった．職員が認知症の人に叩かれたりしている場面を目にしたときに，「認知症だからといってどのようなことでも許してよいのか」と周囲の職員の対応と自分の考えとの相違に葛藤していた．この事例は，専門職とはいかにあるべきなのかを問うSVであった.

⑤利用者主体をめぐること：職員は，利用者が生活の主体となることを意識している．しかし，しばしば業務遂行やリスクマネジメントが優先されてしまい，利用者主体とならないことがある．このような場面では，職員はジレンマを感じ，ユニットリーダーや介護主任は，錯綜する職員のジレンマ等を受け止め，チームとしての方向性を定めていかなければならない．SVでは，高齢者の「入浴したくない」という意思を受け止め，入浴をしなかったことをめぐって起き

た連携のミスによるケアマネジャーおよび家族との関係性の亀裂について取り上げた.「入浴させてほしい」という家族の気持ちを受け止め,ケアプランに反映させているものの,それが実行されない場合にはどのようにすればよいのか.管理的な機能も含む SV となった.

別の事例では,高齢者が娘からもらう小遣いを大事に手元において管理しているが,その小遣いをポケットにしまっているため,誤って洗濯してしまいそうになったり,ポケットから落ちることがあった.また,職員がベッドの下に落ちている財布を見つけたこともあり,困っているというものだった.職員は,小遣いを高齢者本人の手元で保管することは,紛失したときに自分たちにその責任が及ぶのではないかと恐れていた.その一方で,高齢者が娘からもらう小遣いを大事にしていること,毎日数えて嬉しそうにしている姿をみて,管理することがよいのかと悩んでいた.

⑥業務管理に関すること:業務管理では,通所介護の稼働率や,人手不足,あるいは人手不足を補うための業務分担やシフトの変更等を行ったことによって生じた,職員全体の不安や葛藤に関することが SV に取り上げられた.また,職員が行っていることや試行してきたことを経営者側にどのように伝えればわかってもらえるのかという課題もみられた.この場合には,会議資料の作成方法や,会議で報告すべき事項など,立場や職種の違う職員との情報の共有化のあり方に関する SV が行われた.

(3) スーパービジョンからの学び

参加者が SV セッションから学んだことは,次のとおりである.参加者は,スーパーバイザーである自分の感情とスーパーバイジーの感情は基本的に違うものだということを意識し,加えて,自分の立場や役割について考えている.さらに,SV の技術ともいえる「ほめる」「まとめて返す」「スーパーバイジーと同じテンションにならないように意識する」「スーパーバイジーのストレングスを意識する」ことを学んでいる.さらに,SV の転換点を見つけること,不安というのは軽減することができないが,漠然とした不安を言語化するということにスーパーバイザーは力を貸すことをできるということ学んでいた.

スーパービジョンの複層性を担保する仕組みの必要性

　ケア現場においてSVを担っている参加者たちは，自分のSVがよかったのかどうか，明らかによくなかったと自覚するSVはどのようにすればよかったのかという戸惑いを感じながら実践している．とくに，認知症高齢者のケアの課題は，個別の利用者のケアに関することからチームをまとめていくための課題まで幅広いだけではなく，そこに付随する職員の気持ちがついて回る．そのようなSVをしているスーパーバイザーを支えていかければ，ケア現場における恒常的なSV風土は期待できないだけでなく，いま実践しているスーパーバイザーが疲弊していく一方である．
　複層的なSVのもう1つの意味は，図IV-3に示したとおり，各場面においてスーパーバイザーが要所で支えられるということでもある．このような複層性を各事業所内で構築するのは，前段で述べたように容易なことではない．スーパーバイザーのSVをしてきた研究会の意味の1つには，このような機会をそれぞれの事業所，職場からより近い場所で担保する必要性があることを再確認したこと，そしてスーパーバイザーはその機会を望んでいることが明確になったことである．
　スーパーバイザーはある場面ではスーパーバイジーとなり，自らの内省と気づき

図IV-3．複層的スーパービジョンの枠組み

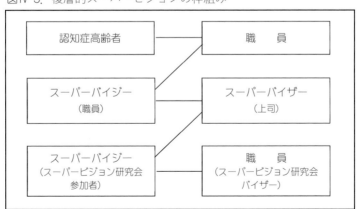

を得るからこそ，再びスーパーバイザーとして，その役割を担うことができるのである．そのような意味においては，この関係性もまたパラレルといえる．

注）兵庫県，大阪府，京都府，福井県，京都市，山梨県，大阪市，長野県，三重県，富山県，名古屋市，和歌山県の認知症介護実践リーダー研修受講中の者に対し，2015年10月〜2016年2月に研修会場にて自記式アンケート調査を実施した．

【文　献】

平成27年度介護サービス施設・事業所調査 www.mhlw.go.jp/toukei/saikin/hw/kaigo/service15/index. html(2019.8.3).

汲田千賀子（2017）「認知症ケア現場のリーダーに対する継続的スーパービジョン」『同朋福祉』，第 23 号，111-130.

汲田千賀子（2018）「認知症ケアにおける複層的スーパービジョンの必要性—スーパーバイザーを支援する取り組み例から—」『同朋論叢』46-35.

汲田千賀子（2016）『認知症ケアのデリバリース・パ　ビジョン—デンマークにおける導入と展開から』中央法規.

スーパービジョン事例振り返りシート

スーパーバイジー氏名（イニシャル）：　　　　氏

1 《スーパービジョンの背景》

スーパーバイジーの性別・年齢：

スーパーバイジーの勤務先　　　　勤務年数：

現在の職種および職歴：

取得資格：

相談内容に関わる機関・施設・組織等システム図：

　システムの概略：

　相談内容への支援関係：

スーパーバイジーの相談内容：

スーパービジョンの経緯・展開：

【スーパーバイザーに期待すること】

目的：

時間（午前・午後）　時　分〜　時　分

場所：

スーパービジョン参加者：

スーパービジョン場面経過：

参加者の座席図：

スーパービジョン評価・考慮点：

報告者：

事業所名：

スーパーヴィジョン研修用資料（野村, 2007）

スーパービジョン観察シート

スーパーバイジー：

観察者氏名：

◆あなたが観察したスーパービジョンについて下記の項目での気づいたことを記入してください.
とくになかった項目には何も書かなくてかまいません.

項　　目	具体的な事柄や場面，気づき等
1．スーパーバイジーとその環境（スーパーバイジーと環境の相互作用・課題・ストレングス・ニーズ等）についてのアセスメント	
2．スーパーバイジーへの肯定的な関わり	
3．スーパーバイジーへの共感の伝達	
4．スーパーバイジーが自分への介入や言動などについて気づくような具体的なフィードバック	
5．スーパーバイジーが人や状況についての考えを深め広めるようなフィードバック	
6．スーパーバイジーの実践に必要な情報（理論，モデル，社会資源，制度政策，利用者理解など）の提供	
7．よい実践・援助・介入の具体的な意義や効果についての指摘	
8．利用者等に危害あるいは著しい不利益を及ぼしうることが危惧される場合，回避するための助言・指導	

◆あなたにとってこのスーパービジョンはどのような学びになりましたか.

◆スーパーバイジーへのメッセージ

◆スーパーバイザーへのメッセージ

スーパービジョン振り返りシート

スーパーバイジー氏名：

　本日受けたスーパービジョンについて，その内容がどのようなものであったか振り返り，下記の項目について，お答えください．

1．スーパーバイザーとして，職務遂行にどのように役立ちますか

2．スーパーバイザーの専門性（知識・技術・価値）を高めるのにどのように役立てますか

3．スーパーバイザーとして自己覚知や心理的サポートにどのように役立ちますか

4．今日のスーパービジョンを受けて，今後，ご自身のスーパービジョンにどのように生かしていきたいですか

5．あなたの受けたスーパービジョンの満足度を5段階で評価してください

大変満足	まあ満足	どちらでもない	あまり満足でない	全く満足でない
5	4	3	2	1

レジリエンス

　人生ではさまざまなつらい出来事に遭遇する．病気や大けがなどの身体に関わる問題が発生したときや，愛する人を失ったり信頼する人に裏切られたりしたとき，人は落ち込んでしまい，立ち直れそうもなくなってしまうことがあるかもしれない．しかし，たいていの場合，人は何とか問題を乗り越えて，新しい道を歩み始めることができるように努力し，工夫するだろう．そのような困難な状況からの立ち直りや回復のことを「レジリエンス」とよぶことができる．

　イギリスの研究者であるアレクサンダー（D.E.Alexander,2013）は，「レジリエンス」という言葉はもともと，ラテン語で「はね返る」や「立直る」という意味の言葉から派生したもので，哲学者のセネカや，キケロの文献にもみられるとしている．その後時代が下り，英語の文献にも「レジリエンス（resilience）」という言葉が現れるようになったが，そこでは「はね返る」「弾力，融通性」「気まぐれ」など多様な意味で用いられていたようである．アレクサンダーは，江戸時代の下田や東京の都市が地震から立ち直る様子についてアメリカ人が「レジリエンス」という言葉を用いて記録を残していることにも触れている．さらに，19世紀に入ると「レジリエンス」は鉄骨の強さと柔軟性や船の頑丈さと関連して用いられるようになり，さらには，人間社会が大災害へ抗してその全体性を維持しようとする能力とも関連づけられるようになったとされる．

　現代の社会では，レジリエンスという言葉は生態学や物理学，建築工学，心理学，文化人類学，看護学，社会福祉学などさまざまな領域で用いられるようになっている．それぞれの分野ごとに用法が微妙に異なっており，レジリエンスに関連するさまざまな理論が存在するが，おおむね「回復力」または「復元力」というモチーフを基調としているように思われる．ここで，システム論的なアプローチに焦点を当ててみると，新領域融合研究センターシステム研究プロジェクトによる『システムのレジリエンス』では，システムを運用していくために，次の6つの場面でレジリエンスを整えていく必要があるとしている．それは，①システム設計時，②システム運用時，③事故を防ぐための早期警戒時，④事故によるダメージが発生する際の緊急時，⑤災害によるダメージからの回復時，⑥イノベーションへ取り組む際という6つのフェーズで構成される（馬場, 2016）としている．レジリエンスを維持し高めていくための方策として，それぞれのフェーズごとにさまざまな要因が取り上げ

られている．その一部だけを示すと，①システム設計時のフェーズでは冗長性，多様性，ばらつきの大きさなどのさまざまな要因を，②運用時のレジリエンスでは訓練，制御された撹乱，マネジメントサイクル等々を検討する必要があるとしている．他の要因については，省略するがレジエンスにはさまざまな要因が複雑に絡み合っていることが明らかになっている．

　実は，レジリエンスにおける6つのフェーズは認知症ケアやケアマネジメントのプロセスにもそのまま適応することが可能であるように思われる．福祉分野のレジリエンス研究は，まだ始まったばかりであり，あまりに多くの課題が残されているためどこから手をつければよいか途方に暮れるが，この現状にめげず，レジリエントな取り組みを目指していく"福祉におけるレジリエンス研究"が求められるものと考える．

第 5 章

スーパーバイザーを支える
仕組みとその成果

高齢者ケア現場のスーパーバイザーの実際

　本章では，実際にケア現場でスーパービジョン（以下，SVと略）実践をしているスーパーバイザーがどのような体制のなかで行っているのか．またスーパーバイザーがSVを受けることによって，自らのSVの変化やそれによるケア現場への波及などについて，スーパーバイザー自身がどのように感じているのかを中心に述べていく．

　SV実践を行っている法人の規模やスーパーバイザーの立ち位置が異なるなかで，実際にどのような体制で実践できるかは，その規模によってさまざまである．ここで述べておきたいのは，事業規模や法人の種別によってSV実践ができるか否かが必ずしも決まるわけではないということである．以下，さまざまな環境でSV実践をしているスーパーバイザーに焦点を当て，SV体制についてみていく．

1. 複数法人へのスーパービジョン体制

1）複数の法人のスーパーバイザーを担う

　スーパーバイザーA氏は，医療法人，社会福祉法人など複数の法人を有する法人で勤務しており．A氏の所属は地域包括支援センターでありながら，グループ法人の福祉部門の人材育成担当者としてSV実践を行っている．

　A氏がSVを実施する範囲は，福祉部門に所属する全職員（医療法人以外）であり職

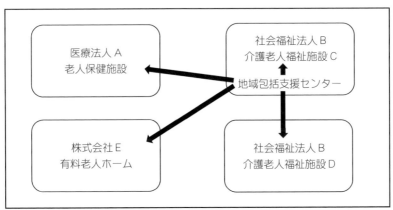

図V-1. スーパーバイザーAのスーパービジョンの範囲

種，役職を限定していない．また，A 氏とスーパーバイジーとは，部署内における上司部下の関係ではない（図V-1）．実際に行っている SV は，各施設の施設長や主任クラスの職員を対象とする場合には個人 SV，一般職員を対象とする場合はグループスーパービジョン（以下，GSV と略）を実施することが多い．SV 契約については A 氏がグループ内のスーパーバイザーであることが組織内で周知されているため，その都度 SV や A 氏の立場などの説明を行う必要はない．倫理的配慮としては，SV を受けることによって，人事評価に影響するものではないこと，SV の内容については外部に漏らさないこと，ただし，コンプライアンスに関わる事項については，それに限らないことを口頭で説明し同意を得ている．

　SV をする際は，スーパーバイザーからスーパーバイジーに声をかけるか，スーパーバイジーから直接相談を受ける，またはスーパーバイジーの直属の上司から「話を聞いてあげてほしい」と依頼を受けるという形がある．個人 SV は，内容に応じて 1 回 30〜60 分程度で実施しており，継続が必要なものは月 1 回程度行うこともある．また，SV が 1 回で終了する場合もある．GSV は，毎月 1 回定例で実施している．実施場所は，スーパーバイザーがスーパーバイジーの所属する施設へ出向き，相談室などを使用して実施する．相談内容は緊急性が高いものではないことが多いため，予め日時を決めて訪問している．法人内では，全法人で共通した理念や方針のもと高齢者のケアが行われている．しかし，SV の範囲が広いため自身が所属する施設以外の施設，部署，職種それぞれの細かな事情や各専門職が抱えている課題までは，多くの場合わからない．そのため，SV の実践では，スーパーバイジーの語りが中心となり，事実関係が不明であることも少なくない．また，スーパーバイザーとスーパーバイジーの職種が異なるため，スーパーバイザーがこれまでの経験から「あぁ，こういうことですね」と話を先読みして，まだ語っていないことを要約して伝えたり，「このようにすればいいですよ」と安易にアドバイスすることはない．さらには，スーパーバイザーとスーパーバイジーが同じ立ち位置で話ができるように，スーパーバイジーの語りをホワイトボードに書き，言葉や感情を可視化して共有しながら振り返りを行うこともある．このように，役職や職種を限定しない，多くの職員のスーパーバイザーという立場は，スーパーバイザーとスーパーバイジー，そして実践現場との距離があるからこそ，客観的にスーパーバイジーの言葉と対峙することができるといえる．

　2）複数の法人のスーパーバイザーとして定期的にスーパービジョンを行う
　B 氏が勤務している社会福祉法人では，いくつかの別の法人同士をグループ化し，人材育成，組織マネジメントなどケアの質を上げていくために，グループでスーパー

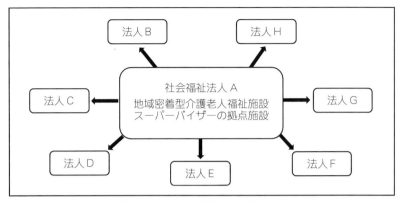
図V-2. スーパーバイザーBのスーパービジョンの範囲

バイザーを雇用し，定期的に施設を訪問しSVを実施する事業を展開している（図V-2）．スーパーバイザーは2名おり，この2名が情報共有しながら各法人内でのSV体制の構築への助言なども行っている．現在は，7つの法人に対して定期的に巡回訪問しながら，ケアの質を高めることに努めている．各法人とスーパーバイザーとは対等な関係にあるが，スーパーバイザーが現場でSVを行うことについては，理事長，施設長，現場統括責任者，役職者を通して各現場に周知されている．

スーパーバイザーの訪問は，基本的に各法人の求めに応じて行われる．おおむね1〜2週に1回は各法人を訪問しており，その都度SVを行う．

各法人からの依頼は，具体的にいま現場で起こっている困り事や課題に対してSVを「受けたほうがよい」，あるいは「受けたい」という申し出があった場合に，各チームのリーダーが掌握して，スーパーバイザーに伝えられる．個別SVは，勤務中に行われ，約30分〜1時間程度（内容によって異なる）実施することが多い．SVの内容については，原則として秘密保持されるがスーパーバイジーと合議したことのみ，リーダーへフィードバックすることがある．ただし，スーパーバイザーがスーパーバイジーとチームの成長のため，あるいは利用者のためにフィードバックが必要と感じた場合については，細心の注意と配慮をしたうえで，リーダーにその内容をなぜ報告することが必要なのかも含めて伝えていくこともある．GSVを実施する際にはそのほとんどが場合リーダーの同席で行われるため（リーダーもグループの一員である），GSVが終了した際にリーダーと振り返りをする時間も必ず設けている．

定期的に行われるSVは，勤務時間内で行われることや，そのために事前に申し出ることによって，SVを受けることも仕事の一部であることや，その必要性について，法人全体で理解していくことができるようになっている．

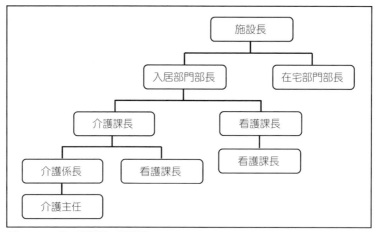

図Ⅴ-3．C氏の事業所の組織図

2．施設内のスーパーバイザーが機能する仕組み

1）特別養護老人ホームにおける施設内スーパービジョン

　C氏は，入所定員120名の特別養護老人ホームでスーパーバイザーの役割を果たしている．C氏は，介護係長として職員をまとめる立場にあり，ユニットリーダーの相談役としても機能している（図Ⅴ-3）．ここで大切なのは，ユニットリーダーへのSVを行う立場であるが，直接的にユニットリーダーのもとで働く職員に対しては，SVを行わないということである．組織を理解し，ユニットリーダーがリーダーとして機能していくように留意することも施設内のSV体制の構築には欠くことができない．

　スーパーバイザーとしての役割は，おもにユニットリーダーから受ける相談である．その内容を大別すると，「ケアに関すること」と「部下の教育に関すること」に分けられる．SVの頻度や回数は，とくに定めていないが，必要に応じて繰り返し行うものから1回で終わるものまでさまざまである．また，基本的にSVは勤務時間中に実施している．施設内で行われるSVは，個人SVが主である．実施する場所は，だれでも出入り可能な開かれた空間である職員のステーションや会議室である．これらは相談内容によって場所を決めることが多い．ユニットリーダーへのこのようなSVの積み重ねにより，スーパーバイジーは，相談への答えを要求するようなやり取りから，自分がどうしてこのような言動をしたのかについて考えられるようになっていく．

2）複数の事業所のスーパーバイザーとしてケアの質の向上に挑む

　グループホーム，地域密着型通所介護，居宅介護支援などを展開する事業所で勤

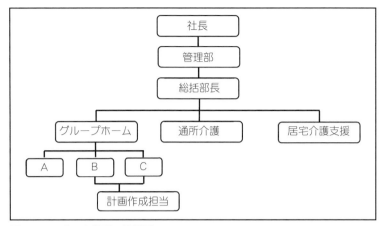
図V-4. D氏の事業所の組織図

務しているD氏は，これらの事業所を統括する立場であるとともに，スーパーバイザーでもある（図V-4）．ここでのスーパービジョンは，D氏の統括している各事業所の管理者に対して，日々の実践や運営管理に際して困っていることなどについて必要に応じて実施するというものである．おもに個人SVで行われる．一方で，2か所のグループホームでは，ケースカンファレンスの場を活用し，介護職員に向けたGSVを行うことがある．GSVには，介護職の直属の上司に当たる管理者やユニットリーダーも参加している．

　SV実践の頻度は，事業所の管理者に対して1～3か月に1回程度実施している．あくまでも目安であり，定期的な実施というよりは突発的になにかがあった際に実施することが多い．また，管理者に限らず職員からの相談があった場合は，事業所管理者の同意のもと，その都度実施している．この同意を得るという手続きは，非常に大事なことであり，チームの信頼度や組織の仕組みを形骸化させないように注意しなければならない．SVの1回当たりの時間は30～60分程度で，相談内容としてはおもに，事業所内での職員の職務に対する相談や人間関係における相談，事業所運営に関することである．

　事業所内のケアカンファレンスを活用したGSVは，月2～4回実施している．1回の時間は，15～40分程度で，毎月カンファレンスが開催される際に定期的に実施している．参加人数は，2～6名程度である．おもな内容としては，ケアカンファレンスのなかで，認知症高齢者のアセスメントにおいて見落としがちな視点などについて，グループでそれぞれの考え方などを発言してもらいながら進めていくことである．

　ケースカンファレンスの場を利用しながらケースの検討をするのではなく，職員それぞれの考えに焦点を当てることで，GSVの場にも転換することができる．

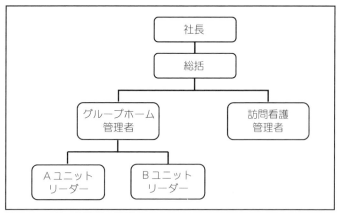
図Ⅴ-5．E氏の事業所の組織図

3）小規模の法人で行うスーパービジョン

E氏はグループホーム，訪問看護事業，共用型認知症対応型通所介護を展開する法人に勤務しており，法人全体の統括責任者という役割を持ちながら，グループホームの管理者および介護職を兼任している（図Ⅴ-5）．

法人内でのSV体制は介護部門と看護部門はそれぞれ別に実施されている．E氏が行っているのは，介護部門の職員を対象にしたSVである．

E氏の事業所では，2013年までSVをまったく行ってこなかった．その理由は，管理者E氏がSVを理解していなかったこと，そして必要性を感じていなかったからである．

しかし，SVの必要性や実施することによる職員の成長の可能性などを勉強していくなかで，2014年度からSVに取り組み始めた．2014年度は半年間だけで延べ20回ののSVセッションを行った．スーパーバイジー数は7名であった．2016年度以降は10回前後，スーパーバイジー数は3名であった．しだいにSVの実施回数が減少していく理由は次のとおりである．2014年度は，どの階層の職員に対しても，E氏がスーパーバイザーとしてSVを実施してきた．しかし，2016年度以降は，相談者の階層および相談内容によってスーパーバイザーをリーダー層に任せることにした．つまり，グループホームという小規模な組織のなかでも上司，部下を明確にし，相談・伝達経路をはっきりさせたのである．

SVを実施する場所は，グループホームのスタッフルームが主となるが，スーパーバイジーの希望や相談内容によっては，相談室で実施したケースもある．実施時間帯については，スーパーバイジーの勤務終了後か休憩時間帯に実施することが多い．ケースによってばらつきはあるが，SVにかかる時間は45分〜1時間である．1ケー

スにつき 1 回の SV で終わるものもあるが，1 ケースにつき 2 回以上行っている場合がほとんどである．複数回 SV を行うケースについては，前回の SV から次の実施までの期間を 1 か月程度あけてから行う．2 回目の実施については，スーパーバイジーからの依頼よりも，スーパーバイザーが 1 回目の SV 実施後の様子等を聞きながら，そのまま 2 回目の SV が始まることが多い．

　このような実践を続けた結果，現在では職員自身が SV を必要としているのか，助言がほしいのかをスーパーバイジーである上司に伝えることができるようになった．

3．スーパービジョン実践における組織形態の多様性

　SV 実践を行っているスーパーバイザーの所属は，事業規模も立ち位置も異なっていた．A 氏は，スーパーバイザーでありながら，法人が委託を受けた地域包括支援センターで勤務しているが，特別養護老人ホームや介護老人保健施設，グループホームなどの職員の SV も任されている．つまり，法人のスーパーバイザーとしての位置が確立されているということである．同様に，法人のスーパーバイザーとしての位置が確立されているのが，B 氏の法人である．いくつかの社会福祉法人が出資金を出しながらグループ化の取り組みをしており，グループ法人のスーパーバイザーとして，月 1 回各法人を訪問し SV を行っている．

　一方で，特別養護老人ホームで直属の部下に対して SV を行っているのが C 氏の所属する法人である．4 ユニットを統括する係長として，管轄するユニットに所属するユニットリーダーの SV を行っている．D 氏は，グループホームをはじめとする複数の事業を行う事業所で，すべての事業を統括する統括部長という立ち位置でそれぞれのケア現場で働く職員の SV を行っている．E 氏は，法人全体を統括する立場でありながら，グループホームの管理者と介護職員として兼任しスーパーバイザーとしての役割を担っていた．

　このような，法人規模もスーパーバイザーの立ち位置も，SV の方法も異なっていても，SV は可能であり状況に合わせてその法人・施設に適切な方法で実践することができるのである．

スーパーバイザーがスーパービジョンを継続的に受ける意味

　スーパーバイザーが職場に複数名いるという状況は，現在のケア現場では考えにくい．そのため，スーパーバイザー同士のピアSVの展開はほとんど望めない．これは，スーパーバイザーがSVを受けることが難しいことを意味している．しかしながら，たとえ実践経験が豊富なスーパーバイザーであったとしても，きわめて個別性の高いSVをうまくやれているという感覚をもつことは少ない．その場合，どのようによくなかったのかを内省することになるが，その一部分を担ったのが複数人でSVを行うSV研究会のSVセッションであった．スーパーバイザーは，自らがSVを受ける意味について以下のように考えている．

1. 客観化して考える時間をもつことができる

1）言語化すること

> SVを実施しているときは，どのような機能がどのように働いたかを考えることがほとんどない．SVセッションを受けるために，SV時のやり取りについて文字起こしをすることを通して改めて確認することができる．
> 他者には説明しにくい不完全な感覚を，実施したSVを振り返りシートに言語化し，見つめなおすことは貴重な時間である．
> SV振り返りシートを記載しながら，自分自身のなかで考え方や見方に変化を感じ，一部整理することができた．
> 気になった一場面について切り取り言語化することでSVの場面でなにが起こっていたのか，スーパーバイザーとスーパーバイジーの間でのやり取りから明らかになったことはなにか，スーパーバイジーの行動，言動，感情，表現されたいたことなど，その意味を深く考えることができた．

　SVセッションを通して，スーパーバイザーとしての自分がSVをした際に感じていた思いを振り返り，自分のSVを客観的に見ることや，それを言語化することによって総合的に整理することができる．SVを受けるということは，自分の感情や言動と向き合い，SVを受けるために文字や言葉として伝えていくという作業を通して，このことを可能にするものである．

２）他者と共有しながら振り返ること

自分自身が実施した SV を他者と振り返る場としては，貴重な機会である．
自分自身で省察は繰り返すが，あくまでも自分自身の内的な省察であり，他者か
ら SV を受ける機会はなかった．SV 時のスーパーバイジーの言葉や語気，表情を
思い出しながら，併せてスーパーバイザーである自分が使っている言葉や褒め方，
場の雰囲気に関して振り返ることができる．
スーパーバイザーとしての自分を客観視すると同時に，その実践に対するフィー
ドバックがもらえる場にもなる．自分１人ではよい点，改善すべき点にも気づき
にくい．しかし，振り返りの機会があることで，スーパーバイザーとしての在り
方を考えさせられる．
他者に話すことによって，問題の本質がみえるようになったことである．

　自分にスーパーバイザーと認識できる人いなければ，当然ながら SV を職場で受
けることはできない．他者と自分が行ったことを共有しながら振り返ることによっ
て，スーパーバイザーとしての立ち位置やかけた言葉の１つずつにどのような意味
があったのか，その大切さにも気づくことになる．

３）立場を変えてロールプレイを行うこと

スーパーバイザーが展開した SV について，立場を変えてスーパーバイジーとな
り SV を受けることは，深められた内的省察に加えてスーパーバイジーの捉え方
や見方の広がりにつながるものであった．自分提示した事例を他の参加者がロー
ルプレイすることによって，外から客観的に観察することができる．そうするこ
とで，自分が実施した SV が安心安全の場であったか，スーパーバイジー自身が
自分の感情に向き合える問いかけだったかなどを振り返ることができる．
他の参加者が提出した事例のロールプレイに参加する場合，スーパーバイジーの立場
になって SV を受けることがあり，スーパーバイジーの気持ちを考えることができる．
スーパーバイザーが役割を変えてスーパーバイジーの体験をすることで，スー
パーバイザー自身の感じ方，考え方について客観的に見つめることができる体験
は，スーパーバイザー自身が実践する SV の際に心地よい体験モデルとしてスー
パーバイジーに還元することができたと考える．

　スーパーバイザーとして自分が行った SV セッションを，立場を変えてロールプ
レイをしたり，客観的にロールプレイをみることによって，そこで行われていたスー
パーバイザーとスーパーバイジーのやり取りがどのようなものであったのかが理解
できる．さらに，他者がロールプレイをすることによって，SV の展開がスーパーバ
イザーによって変わることを知る機会となる．

2．スーパーバイジーの感覚を学ぶ

1）感情と向き合う

> 自分自身の不完全で不全感をもつ SV の場面について，よかったのか，よくなかったのかという評価ではなく，スーパーバイジーの感情をどのように受け取るべきであったか，自らの感情はどこからくるのだろうか，スーパーバイザー自身が自らの経験を振り返り，そのなかから解決の手がかりを探り出すことができることの大切さにいつも引き戻ることができた．
> スーパーバイジーの気づきは，気づくことによって自分自身が自己嫌悪に陥ったり，気づいたことを受け入れることが難しい場合があると感じる．自分の感情を認めるということは，時間を要することを認識し，スーパーバイザーは無理に話を続けず，サポートするような言葉をかけることを大切にしている．

　スーパーバイザーとしてケア現場で SV をする自分が，スーパーバイジーの感情にも焦点を当てるということは，実際の SV をしながらでは，困難な場合もある．ここでの振り返りは，スーパーバイザーの感情に向き合うという経験をしながら，感情との向き合い方を知り，実践の場において実践していくための 1 つのヒントとなっていた．

2）視点を変えること

> 自分では考えつかないようなスーパーバイザーの問いかけや態度などを学ぶことができる．具体的には振り返りの SV 場面を通してロールプレイを実施し，深めた見方や視点を基にスーパーバイザー役を繰り返すことで違う自分の発見につながったり，同じ場面でスーパーバイジー役を担うことでスーパーバイジーの気持ちを推し量ることができた．
> 私自身は問題の中心を捉えていたつもりでも，SV を受けることによって，問題の本質は別の場所にあったと発見することが多くあった．
> ロールプレイでは，スーパーバイザーが黒子として傍らに寄り添い具体的な応答を示唆したり，言い換えのポイントのヒントを与えてもらう体験は貴重であった．

　スーパーバイザーは，自らの経験値やスーパーバイジーの特性から「この人は，このように考えているだろう」などという先入観や，これまでのスーパーバイジーの経験を知るからこそ，今目の前にいるスーパーバイジーをそのまま受け止め理解することができないことがある．また，スーパーバイザーのこれまでの経験というフィルターが，スーパーバイジーの悩みや相談を湾曲して理解してしまう可能性もあることに気づかされる．

3）自分にスーパーバイザーがいるという安心感

> スーパーバイザーから自身の SV を振返りながらスーパーバイズを受けるように
> なってからは，SV をすることへの不安や苦手意識は減ってきた．それはスーパー
> バイザーがいることの安心感が大きい．
> 自分自身の成長のためには，自身を振り返り，現在の位置を理解することは重要
> である．気持ちを維持していくためにも，スーパーバイザーの存在があるかない
> かでは，心強さがまったく違う．
> スーパーバイジーになった経験がない私にとって，このときが唯一スーパーバイ
> ジーになれる瞬間であり，よい SV を受けた経験が，私が行う SV に影響を与え
> ている．

　ケア現場では，スーパーバイザーの立場となる人にとって，組織内でスーパーバ
イザーがいないことが多くある．部下の SV を行っているが，本当にこれでよいの
か，私は SV ができているのだろうかという不安を吐き出したり，受け止め手もら
える場と人がいること安心感は，職場においてひとりでスーパーバイザーを担う人
にとって実践の原動力となる．

3．自分自身の課題を意識し向き合う

1）スーパービジョンを受けることによって自らのスーパービジョンを振り返る

> 自分が行った SV を信頼できるスーパーバイザーからスーパーバイズを受けるこ
> とで，不足している知識・技術・経験や気づかなかった視点に気づく．
> 組織における自身の立ち位置的に管理的・教育的機能が強くなりすぎてしまうこ
> とがある．実際スーパーバイジーを質問攻めにしてしまい，スーパーバイジーに
> とっては辛い時間となってしまっていたのではないか，と振り返りをしたことに
> より気づけることもあった．
> スーパーバイジーが考えていることを「このように思っているのではないか」「こ
> こが課題なのではないか」とスーパーバイザーである自身が先読みをしてしまう
> 傾向がある．このような気づきも，スーパーバイザーである自身が SV を受ける
> ことにより，振り返りの機会が得られた結果といえる．
> 問題を回避していくのではなく，自分自身の課題と向き合えたこと．人は楽なほ
> うに流され問題を避けようとする．1 人では逃げてしまいそうなことでも，SV を受
> け，いっしょに考えてくれる人がいることで，自身の課題と向き合うことができた．
> スーパーバイザーとして SV を受けることにより，自分では気づけない実践上の
> 癖や傾向を知ることに繋がる．

SV をしている自分の課題と何であるのか．このことを考えるとき，多くの場合，話をうまく聞くことができなかった，悩みに聞き入ってしまいスーパーバイジーを支持できなかったなどできなかったことが挙げられるだろう．しかし，自身が SV を受けることによって，自分の話を聞くときの癖や苦手としていることに気づいたり，スーパーバイザーとしての自らの課題が明確となり，それに向き合っていこうとする力となっている．

スーパーバイザーがスーパービジョンを受けたことによる実践への波及

1．スーパーバイジーを支える視点の醸成

1）成功体験を共有する

> 成功事例をいっしょに思い出したりすることで，前向きな気持ちがもてるようにしている．スーパーバイジーはSVを受け，自分の気持ちが整理できることで，目の前のクライエント（職員や利用者）を受け止めることができるようになっているのではないかと思う．

2）自分が感じていた不安をバイジーが感じないようにする

> ケア現場においてスーパーバイザーとスーパーバイジーの関係は，上下関係のことが多い．私は，相談相手がだれかに話すのではないかとSVの安全性が確保されていないと感じていた．このことを考えたとき，私だけではなく部下も同じ思いを抱えているのではないかと気づいた．
> スーパーバイザーとして上下関係を感じさせない工夫は必要かもしれないが，実際に2人の関係が上下関係である以上，まったくなくすことは不可能である．しかし，安心感を与えることで上下関係を超えたSV関係が築くようにしている．

3）共に歩むという姿勢

> 1人ひとりの違う生活を支援するという，実態や完成形のないケアを仕事としている私たちにとって，上司からの指示や命令だけでは業務はこなせても，ケアを行っていくのは困難である．私たちケアワーカー1人ひとり自らが考え，動き出さなければならない．自らが自分の立ち位置を振り返り，見渡すことで次になにをしていかなければならないかを見極める必要がある．そのためには自分1人では周りがみえなくなることもある．自分を見失わないため，また目の前の靄を晴らすためにも，共に歩むスーパーバイザーの役割は重要であると考える．
> スーパーバイジー自身が自身の課題との向き合い方において，前向きになっていると感じる．SVを実施することにより，話を聞いてもらえる時間や聞いてくれる存在がいること．それだけでも，スーパーバイジーが抱える不安や孤立感を解

> 消できる要素になると考える. また, SV の実施において, スーパーバイザーのスーパーバイジーと共に考える姿勢は, 安心感があるものであり, スーパーバイジーの自己肯定感を高めることに繋がると考える.

　ケア現場で SV を担う人だからこそ, 自分自身がスーパーバイジーになり, SV を継続的に受けることによって, 自らの SV を変えていくことにつながっている様子がわかる. スーパーバイジーを支えていくという支持的機能を大事にしながら, SV でかつて感じていた自分の不安をスーパーバイジーが感じないように配慮している. 上司と部下という関係性のなかで SV が行われているとしても, SV では, 互いが共に歩む専門職同士であるということを意識しておくことによって話の聞き方も変わってくるだろう. そのようなスーパーバイザーの立ち振る舞いは, スーパーバイジーの安心感を高めることにつながる.

2. 答えを待つ集団から考える主体となる

> 初めのうちは, 困り事について漠然と相談するといった状況であったが, 繰り返しアセスメントの視点等の気づきを促し, 情報整理, 解釈, 計画, 実施という経験を繰り返すうちに, 自分たちのチームで意見交換をしながらケアを変更, 実施するといった, 自発的な行動が生まれてきた. スーパーバイザーに相談すると「答えがもらえる」といった考えから, 「答えは自分たちが探さなくてはいけない」と考えを変えることができるようになった.
> 当初, 会議運営は報告と情報共有に多くの時間を割いており, 重要な課題は会議ではない場でいつの間にか決まっていることもあった. そこで必要とされたのが, 状況を整理することから徐々に管理的 SV を実践することによって, 組織運営上, 健全な状況を作り出せるようになった. その結果, 会議では報告事項に加えて意見交換の必要性に気づき, 物事の決定については現場からリーダー, 上司というラインが整理された.
> 会議の在り方そのもの, 目的, 参加者, 頻度, 会議と会議の関係等が整理され情報の共有, 課題の共有決定事項の合議等がスムーズに流れるようになり現場職員も納得感が得られるようになった.

　SV において, スーパーバイジーがどのように考えているのか, どのように思っているのかを十分に考えて言語化することが常態化することによって, 考えて仕事に向かう姿勢がスーパーバイジーに備わってきた. しかも, それは利用者の個別ケアにとどまらず, ユニットの運営や会議の開催の仕方などにも波及している.

3．役割認識をはっきりと理解できるようになる

> 多くのリーダーたちが「リーダーとはなにをする人なのか」といった戸惑いがSV
> で明らかになり，経験や自分自身の人柄で現場の課題を乗り越えてきている様子
> がみえていた．スーパーバイザーはていねいにリーダーたちと個別SVを繰り返
> し，とくにはリーダーたちとのGSV等の繰り返しや課題解決のために必要な研
> 修等の企画実施の協力を惜しみなく行った．SVの場面においてリーダーたちは，
> うまく実施できたことは承認の場を得ることができ，うまくいかなかったことに
> ついては振り返り次に生かすための課題整理を行うことができるようになった．
> リーダーになかには現在自分が受けたSVを生かしてチームスタッフにSVを実
> 施することができるように成長を見せている．

　SVをする土壌が出来上がったケア現場では，職層ごとにスーパーバイザーとなる人材が育ち，その役割を果たしている．SVを受けているリーダーたちは，その大切さと，そこで自分が支えられた経験や承認された経験を自分の部下に対して行うという循環を織りなし，リーダーの役割認識の理解も進んでいくという波及がみられた．

4．ケアの方向性を確認することができる

> ケアで悩んでいる職員がいた場合，いっしょに考えることにより新たな発見や，
> ケア方法を決定することができた．認知症における知識や情報を教育的に伝えるこ
> とで，現状と照らし合わせケアを考えていくことができたのではないかと思う．
> 現在行っているケアをいっしょに振り返ることによって，自分だけではみえてい
> なかった有効性を確認することができたのではないかと思う．支持的態度で接す
> ることにより自分たちが行ってきたケアが間違っていなかったと，自信につなが
> っていったのではないか．

　ケア現場では，ケアの方向性を確認するよりも「どのようなケアをするか」というケアの方法について検討する場が多くある．また，それがうまくいかないときに，スーパーバイジーは悩みながら模索する．スーパーバイザーは，スーパーバイジーの悩みが知識不足や情報不足といった点から起きていることなのかを見極めながら，スーパーバイジーに合わせた教育的SVを展開するようになっている．

　さらに，一方的な指導にならないように，等身大のスーパーバイジーをそのまま承認し，いまできていることを支持していく姿勢によって，自信をもってケアに臨むスーパーバイジーをみることができた．

5．組織や体制に対する改善点の気づき

> 以前は，ユニットリーダーがいるにもかかわらず，すべての職員が些細なことから何でも管理者に相談する状況であった．職員は常に管理者の指示待ち状態となり，職員自らが考えて仕事をするレベルになかなか行きつかない状況に苛立つときもあった．ユニットリーダーは，自らチームをまとめるではなく，管理者の様子をうかがいながら何となくリーダーとしているという存在であったし，他の職員からもそのような認識をされていたように感じる．職員全員が組織を意識し，それぞれの役割を明確にして機能させていくことに組織風土を変えていくことができた．
> GSV においては，事業所の管理者が同席するなかでの介護職とのケアカンファレンスが主である．介護職からすると直属の上司である管理者が本来はスーパーバイザーとなるところだが，上下関係や役職を考えると複雑な構図での SV 体制となる．介護職からみた直属の上司である管理者の立場を否定したり，疎外することなく，管理者の意見を肯定しながら話し合いを進めることを意識して実施している．

　ケア現場での SV の形態は，職種も階層もさまざまであり，一応に定義することが難しい．そのため，だれと SV 関係があるのか，大きな組織ではどのような関係性のなかで職務が遂行されているのかが複雑である．互いが SV 関係であると認識できないなかでは，当然，SV は展開できないと判断し，初期の段階では SV のできる土壌づくりに着手する段階から SV 実践を行っていった．

6．仕事へのモチベーションの向上

> GSV を行ってきたことによって，考え方の広がりや参加メンバーの意見から学びや気づきが得られ，やる気をもってケアに向き合う職員の姿が増えていると感じる．
> SV の開始をスーパーバイザー・バイジーが共に意識することができるため，単なる相談で終わることはなくなり，課題に対してバイザー自身の過去の経験などから解決方法を見つけだすことができることにより自信がつき，結果として職員の仕事への意欲向上にも繋がりつつある．

　ケアが難しい事例に出会った場合に，なぜできないのか，自分の力不足ではないのかと自信を喪失する職員も少なくない．他の職員の利用者との向き合い方やケア

の方法を聞くことができたり，自らのうまくいった事例を思い出すことによって，もう少し，利用者と向き合って見ようという意欲が生まれたり，他の職員のケアを参考にしてみようという前向きな姿勢がみられるようになった．このような点において GSV は，モチベーションの向上に寄与していた．

スーパーバイジーを経験したことによる
スーパービジョンへの影響

　ここでは，実際にSVセッションのなかでスーパーバイジーとオブザーバー参加をしている人たちにどのような学びがあるかについてみていくことにする．

1．スーパービジョンの事例の概要

　訪問介護事業所の管理者Aさんから，「事業所に利用者Bさんからサービス提供時間外に頻回に電話がかかってきて本当に困っている．介護保険は介護サービスの提供に関してお金をもらっているので，時間外サービスはしたくない．身体介護や家事援助以外のことは，自分で解決してほしい．なぜ私がしなければならないのか．電話をかけてくる行為をやめさせたい」と強い口調でエリアの総括部長に相談があった．
　あまりにも興奮している様子であったため，時間をおいてSVを行った．

スーパーバイジー：訪問介護事業所　管理者（資格：介護福祉士・介護支援専門員）
　　　　　　　　　　介護業界での経験11年（管理者になって4年）
スーパーバイザー：エリア統括部長（資格：介護福祉士・介護支援専門員）
　　　　　　　　　　介護業界での経験25年
SVの時間：約30分

　下記は，そのやりとりの一部をSVを受けるために書き起こしたものであり，スーパーバイザーがSVを受けるために作成されたものである．

> バイザー：Bさんと電話で話ながらAさんはどんなこと考えているの？
> Aさん　：鬱陶しいなと思っていますよ．どうして，私ばかり電話対応しないといけないのかって．仕事にならない．請求業務も滞っていますよ．
> バイザー：そうなのね．夜も電話に出ているって言っていたけど，事業所の携帯電話はAさんが毎日持っているの？
> Aさん　：管理者ですからね．

> バイザー：Bさんは，どうしてAさんに電話をかけてくるのかしらね．
>
> Aさん　：あぁ，これまでBさんはいくつもの事業所から断られているんですよ．一度，グループホームに入所していたみたいですが，集団生活に合わないからといわれて，在宅に帰ったと聞きました．ケアマネとも関係が悪いから，電話する場所がないじゃないですか．
>
> バイザー：Aさんは，Bさんに頼りにされているのね．
>
> Aさん　：仕事できないんですよ，その電話のせいで．本当に困っています．サービス提供時間以外は，したくないんです．
>
> バイザー：Aさんは，仕事が溜まってしまうから電話に出たくないし，時間外の電話の対応もしたくないといっているけど，実際に電話に出ているのはどうして？
>
> Aさん　：そんなことは，どうでもいいんですよ．

1) スーパーバイザーの発言の意図を探る

　SVの実践をしている専門職がSVを受けるときに，なぜ自分がそのような発言をしたのかを振り返ることは，内省するために非常に役に立つ．スーパーバイジーの話にどのように対応したのかは，実は自分自身がケアに対して思っていることや，目の前のスーパーバイジーに暗黙のうちに期待していることが言葉として表れていることもあるからである．ここでは，スーパーバイザーとして，なぜこのような問いをしたのか，その意図について考えてみる．

スーパービジョン　ダイアログ	スーパーバイザーの意図
バイザー：Bさんと電話で話ながら，Aさんはどんなこと考えているの？❶	❶電話のことをAさんはどのように考えているかな，どのような対応をしているのかなと思った．
Aさん　：鬱陶しいなと思っていますよ．どうして，私ばかり電話対応しないといけないのかって．仕事にならない．請求業務も滞っていますよ．	
バイザー：そうなのね．夜も電話に出ているって言っていたけど，事業所の携帯電話はAさんが毎日持っているの？❷	❷ほかにも職員がいるのになぜ，Aさんがいつも電話を取ることになっているのか確認したかった．
Aさん　：管理者ですからね．24時間持っていますよ．	
バイザー：Bさんは，どうしてAさんに電話をかけてくるのかしらね．❸	❸電話かけてくるBさんについて，どのように考えているのだろうか．
Aさん　：あぁ，これまでBさんはいくつもの事業所から断られているんですよ．一度，グループホームに入所していたみたいですが，集団生活に合わないからといわれて，在宅に帰ったと聞きました．ケアマネとも仲が悪いから，電話する場所がないじゃないですか．しかも，昼間でも私を指名してかけてくるので，結局対応することになるんですよ．	❹管理者Aさんに肯定的なメッセージを送りたかった．
バイザー：Aさんは，Bさんに頼りにされているのね．❹	

Ａさん ：仕事できないんですよ，その電話のせいで．本当に困っています．サービス提供時間以外は，したくないんです． バイザー：Ａさんは，仕事が溜まってしまうから電話に出たくないし，時間外の電話の対応もしたくないといっているけど，実際に電話に出ているのはどうして？❺ Ａさん ：そんなことは，どうでもいいんですよ．	❺電話が出たくないのではなく，仕事が滞っているということが整理できず，大変なのではないかと思ったのでたずねた．

❶Ｂさんと電話をしているＡさんが，そのとき，なにを思いながら電話をしているのかを聞くことでＢさんへのとらえ方や印象が伝わってくるのではないかと思った．その結果，Ａさんは，鬱陶しいという言葉でそれを表現した．

❷自分ばかりがＢさんの電話対応をしているという話し方をしていたため，なぜＡさんばかりが電話対応することになっているのかを確認するために，事業所の携帯電話をもっているのがだれであるかを確認した．「管理者だから」という返答からは，Ａさんの「責任感」を感じた．

❸「電話を取りたくない」「請求業務が滞っている」と思っているＡさんに「なぜＢさんは電話をかけてくるのか」という視点で，どのように考えているのかを確認した．Ａさんは，Ｂさんがこれまでさまざまな事業所に断られてきたことなどを語ったうえで，「電話する場所がないから」「指名される」といっており，電話をかけてくるＢさんの気持ちを考えることができている．

❹スーパーバイザーは，ＢさんがＡさんに電話をかけてくることについて，Ａさんが「頼りにされている」という肯定的なメッセージを送った．しかし，この段階ではＡさんは電話には対応したくないという気持ちは変わらず，Ｂさんへの見方も変わっていない．

❺スーパーバイザーは，ＡさんがＢさんの電話対応をしたくない理由に，「仕事が滞っている」ことが強く反映しているのではないかと思った．電話は，出ないという自分が決めることもできるし，実際に行動に移すこともできる．しかし，Ａさんはこれまでそれをしてこなかったことについては，内省せず一蹴した．

　このSVのダイアログは「電話に出るのか，出ないか」ということが焦点になってしまっていた．そのため，電話をかけてくるＢさんがまったくみえないSVになっていた．また，スーパーバイジーのＡさんは，Ｂさんが電話を頻回にかけてくるという行為に対して，他事業所からも断わられたり人間関係がうまくいっていないことから，「Ａさんに問題がある」という視点で捉えていた．

　どのようにすれば，電話に出る，出ないというやり取りで終わらず，SVが展開し

ていくのだろうか．次に提示するのは，スーパーバイザーを SV するセッションの
一環で行われているものである．

　2）スーパーバイザーといっしょにスーパービジョン場面を再現してみる
　以下のダイアログは，先に示したにスーパーバイザーとして A さんの SV をした
統括部長が A さんの役になり，SV を受ける場面を再現したものの抜粋である．な
お，スーパーバイザーを担当したのは，野村豊子氏である．なお，オブザーバー参
加をしている人のなかから，この事例で電話を頻回にかけてくる B さんの役をする
人を選出し，やり取りを側で聞いてもらっている．

スーパービジョン　ダイアログ	バイザーの問いかけの意図と A さんの思い
バイザー：あなたのところに繰り返し電話があるのね．困っ 　　　　　たわねぇ．どうしてだと思う？❶ A さん　：寂しいんだと思います． バイザー：寂しい？夜に電話が多いんですか？ A さん　：夕方から夜が多いです．訪問が終わってからすぐ 　　　　　のときもあります．落ち着いて仕事できないんで 　　　　　すよ．	❶A さんの思いがわかっているかの確 認
バイザー：B さんは寂しいときに，A さんに電話して出てく 　　　　　れるかなと思っているのかな．❷ A さん　：でも，介護保険のサービスは人の寂しさに寄り添え 　　　　　なんて書いてないですから必要ないと思います．	❷A さんと利用者との関係を振り返る
バイザー：人の寂しさに寄り添う必要はない？❸ A さん　：サービスは，時間内にしっかり提供しているので， 　　　　　それが終わったら失礼しますと帰ってきて，その 　　　　　後は必要ないと思います．	❸明確化
バイザー：少し，電話の話からは少し外れるんだけど，B さ 　　　　　んが他のサービスを利用しているときの様子に 　　　　　ついて教えてもらえる？❹ A さん　：デイサービスを利用しているときは，やっぱりだ 　　　　　れかを探して，捕まえては話しをしています．認 　　　　　知症のある人とつじつまが合わない話をしてい 　　　　　るときも，相手が黙って聞いてくれてる人だと落 　　　　　ち着いてます．	❹サービスとはなにかについて振り返 ってみる
バイザー：B さんのこと，よくみているわね．❺ A さん　：そうですか．	❺サービスすることをよくみている それが仕事をするということという メッセージ

バイザー：認知症のある人同士が，脈絡はないかもしれないけど会話になっている様子とかみられて落ち着いているなぁと思われたのかな．そのような経験があるの？❻	❻いままで介護経験のなかで振り返ることを通して援助を考えてほしい
Ａさん　：自分だけを困らせているのかな．他の様子を見てみようかなと思ってデイケアをみに行きました．デイケアの職員も困ってました．気の合わない利用者さんがいる曜日は落ち着かないとデイケアの職員もいってましたし，この人に問題があるのかなと思いました．	
バイザー：デイケアをご利用しているときも，朝からどなたかとお話しされたいって気持ちがあるのね．❼	❼前のＡさんの発言を換言した（本人が気づいていない部分）
Ａさん　：そうです．	
バイザー：そのときに，周りに人がいないとどうなるの？	
Ａさん　：気の合う人がいないと職員をよぶんです．そして，「頭が痛い．熱っぽい．熱計ってほしい」とかっておっしゃるんです．❽	❽利用者Ｂさんの人となりがみえてくる語り
バイザー：そう．でもよく考えると，その人はよくデイくぁを利用してくださってるわね．❾	❾Ａさんにとってよいサービスを利用しているというメッセージ
Ａさん　：人がいるほうが好きなんだと思います．	
バイザー：人に会いたいんだ．	
Ａさん　：寂しいんだと思います．家に帰ると１人なので．たぶん，夜中も目が覚めたら電話かけてくるんです．だから，同じようなことで，他の事業所から断られるんですよ．❿	❿Ｂさんとの対峙ではなく，サービス供給する側の視点に変わってしまう
バイザー：夜中に目が覚めて，だれもいなかったときに，認知症のあるＢさんにとって，暗い中でだれがいるのかわからないなかで電話をしたら，その電話に出てくれる人がいる．Ｂさんは，電話のかけ方を知っているんですよね．⓫	⓫理由もなく電話するのではなく，頼りになるＡさんに電話をしてくるということ．Ｂさんのストレングスの視点と電話をかける理由について再確認
Ａさん　：そうですね．	
バイザー：そういったなかで，暗闇のなかで電話して出てくれたらどのような気持ちでしょうね．	
Ａさん　：そうかもしれないですけど，私はそれがしんどいです．	
〜　中　略　〜	
バイザー：寂しさへの思いって介護保険ではないとおっしゃったけど，「またかぁ」と思うかもしれないけど，何度も何度もかかってくる電話を取っているのはどうしてだろう．	

Ａさん 　：利用者の管理者として，通信記録が残るので着信があったのに出てないとあとから本部の人たちがきていろいろいうので，取らないといけないんです．⓬	⓬直面化
バイザー：こんなのはどうでしょう．電話には出ながら「またかぁ」，って思わない方法ってない？⓭	⓭職場での責任というところに転嫁する．
Ａさん 　：ナンバーディスプレイに名前が出ると，その瞬間に「またか」って思うんです．「またか」と思わない方法 …	
バイザー：ムカムカする？	
Ａさん 　：腹が立つ．イライラする．	
バイザー：でもＡさんは，利用者Ｂさんに「かけてくるな！」っていってないでしょ．	
Ａさん 　：そうですね．いってないですね．	

2．セッションを振り返る

1）電話をかけてくるＢさん役をしてみてどのように感じたか

> 今日，デイケアに行ったこと覚えていない．
> いろんなことがわからない．
> いつも，うちにだれもいない．怖い．だから，知っている人に電話して，どこにいるのかを確認したい．
> 昔から，困ったらいつも家族に電話していた．いまは，電話をかける家族がいない．
> 電話のかけ方はわかる．ここにかければ，何となく知っている人が答えてくれる．

　Ｂさんは，暗い中でどこに居るかわからないというなかで，電話をすることによって自分の居場所を確認していた．このことは，Ｂさんのストレングスであるとともに，Ｂさん自身が自ら不安を解決している．

【オブザーバー参加者の意見】

・最初Ａさんは怒っているが，利用者の気持ちを考えているような場面を考える転換があったことで，見方が変わってきたように思えた．

・「またかかってきたか」と出るのではなく，どう気持ちを収めようと思ったとき，「Ｂさん，今日も生きておられてよかった」という意識に変えようかなと思った．いままで「鬱陶しいな，こんな夜中にかけてきて寝られない」と思っていたけど，ご本人の気持ちを考えるということができるようになるかな．「安否」の

確認という意味でも．

・現在，同じような利用者を対応している．トイレに行きたいというからお連れしても，またすぐ行きたいといって，服を着せるとすぐに脱いでしまい，その繰り返しをしている．ケアする側は，「また…」と思うことで，最近はその人の要求を無視するようになっている．事業所は，こういうことがあるとキーパーソンに電話をして，キーパーソンとケアスタッフとの関係もあまりよくない状況となっている．スタッフは寂しいんだろうということは気づいているが，「本人の力」としてみられると，スタッフが変わっていくんじゃないかと，このSVをみていて思った．

・自分も似たようなケースを担当していて，利用者に焦点を当てず，職員の思いにもあまり深く入れなかったことを思い出した．精神的な問題は，介護サービスの対象外だという考え方については，少し考えないといけないなと思った．スーパーバイザーが冷静に対応するようにしないといけないなと思った．

・Aさんが思っていた「鬱陶しい」というのが，「対応するのがいやだ」ではなく，受け止め方がわからないということなのではないかと思った．そういうやり取りのようにみえた．

・Aさんは，この電話に毎日取り続けても終結しないことや，なにをしてあげたら電話をかけてこないようになるのかがわからないということを思っているのではないかと感じた．電話をかけてこなくなるような解決策がないからこそその「鬱陶しい」という表現なのではないか．専門職としての不甲斐なさがそこにはあるのではないか．終わりがみえないからこそ，「仕事じゃない」と割り切らないと収まらないのではないか．専門職としてみれば，認知症の症状のあるBさんは，いずれ電話をかけることができなくなることもある．キーパーソンとなっているAさんがBさんの安心となっていることを考えたとき，いまの時間は，非常に大事だと思えるとよいのかなと思った．

3．スーパービジョン事例提供者の学び

　事例の提供者はAさんが，電話に出たくないと言いつつ，これまで対応してきたことについては，評価できると思っていた．そのため，対応することが鬱陶しくなっていることに焦点を当てたいと，このSVをしたときに思っていた．

　スーパーバイジーとなり，SVを受けることで事例にもっていってしまうことだと認識した．利用者Bさんではなく，管理者Aさんを意識しようと思っていたが，十分でなかった．

Aさんは，もっと認知症のことが理解できるように SV を展開できてたら，Bさんが自ら SOS を出してきていることや，いまできていること等を確認できるのではないかと考えた．その結果，Aさんの電話の取り方も変わっていき「どうしました？」と聞くことができるのではないかと感じた．「またか」と思った瞬間に相手も不安になる．

　Aさんが，なにに苛立ちと怒りを感じているのかが十分に理解できないまま，スーパーバイザーである自分自信に怒りの感情がわいてきた．認知症の人の精神的な不安を支えるのは当たり前のことなのに，それが仕事ではないということを平気で言い放った Aさんに，スーパーバイザー自身が腹を立てたのはよくなかったと思う．

4．オブザーバー参加者の学び

(1) スーパーバイジーとその環境についてのアセスメント
　・利用者 Bさんが，電話ができるというストレングスを見逃さない．
　・認知症の人の場合，いつまでもその行為自体が継続できるわけではないということも意識すること．
　・Aさんは，管理者として 24 時間携帯電話をもって対応しているだけでなく，他の職員がいても，Aさんが電話の相手として指名されている．
(2) スーパーバイジーへの肯定的な関わり
　・利用者 Bさんのデイサービスでの様子や，訪問の際の様子を聞かれて，答えたAさんに対して「よくみていますね」と評価したこと．
(3) スーパーバイジーへの共感の伝達
　・「どのような気持ちで質問をしたのか」とバイジーのそのときの気持ちを聞く．
(4) スーパーバイジーが自分への介入や言動などについて気づくような具体的なフィードバック
　・実際にバイザーが話した時のバイザーの気持ちを 1 つずつ確認した．「Aさんはどうして電話をかけてくるの？」と問うと，利用者に焦点が当たってしまう．
　・利用者の気持ちや思いを考えてもらうような「Bさんは夜，目が覚めたときどうなんだろう？」という問いかけ．
　・実際に行った場面をロールプレイし，電話に出る，出ないというところばかりにとらわれていることを気づくようなアプローチをした．
(5) スーパーバイジーが人や状況についての考えを深め広げるようなフィードバック

- 電話がかかってくることに対して「鬱陶しい」ではなく，「そう思わないで出る方法はないですか？」と問いかけ，電話に出ないようにすることから焦点をそらした．
- なぜ，このような質問をしたのかを確認して，どうしたかったのかの意図をきちんと汲む．

（6）オブザーバー参加者の学び
- 自分自身がよくやってしまいやすい，利用者の思いを置いていってしまう SV に似ていた．焦点をどのようにスーパーバイジーに当てていくのか参考になった．
- A さんが怒っており，テンションが高い場合にスーパーバイザー側のトーンを下げて話すことによって，A さんの怒りや興奮が少し和らぐ．
- 利用者のストレングスを見いだすことの大切さがよく理解できた．
- 事例にばかり目を向けない．
- 相手の感情に飲み込まれないようにする．

（7）この事例を提出したスーパーバイジーへのメッセージ
- 自分が行っている SV よりもレベルが非常に高いが，自分の SV を客観的にみて，癖を知り，どのように自分のなかで修正すればよいかを考えるきっかけとなった．
- 「利用者に問題がある」と決めつけていたが，しだいに利用者の思いを共感できるような展開であった．自分に重ね合わせて考えさせられた．

5．感情とスーパービジョン

　ケア現場で SV を実践する者が，自らが定期的に SV を受ける機会を設けることにより，自分自身が現場で行った SV を振り返る機会となっていた．このことは，ともすれば SV を「相談に応対すること」「事例検討すること」などと誤解しやすいケア現場のスタッフに対して，どのようにすれば SV となるのかを各自の事例を基に展開することで，SV とはなにをすることなのかを理解してもらうことを可能にした．また，その際に必要とされるスーパーバイザーの姿勢をロールプレイなどで体感してもらった結果，対象者は“待つ姿勢の大切さ”“相手を褒める，認める”という学びを得た．

　A さんは，利用者 B さんの思いをわかろうとしていたものの，すぐ自分や他の職員に迷惑をかけているという側面からこの利用者 B さんの行動を捉えてしまう方向

性が強く現れていた．そのため，"Bさんは困った人"という認識から離れることが難しかった．認知症の人の思いに近づいたり，職場での立ち位置からみるBさんの行動に立ち戻ってしまったりを繰り返している．

　このようなSVを行ったことで，AさんはBさんから再び電話がかかってきたとき，ナンバーディスプレイにBさんの名前をみても少し冷静になることができるだろう．それは，自分のムカムカする思いやその思いをスーパーバイザーと話したということを思い出し，Bさんが電話をかけてくる理由や「またかぁ」と思わないようにするにはどのようにすればよいかを一瞬考えることになるからである．

　田中 (2010) は，ケア現場において，専門職に必要な感情労働，とくに感情管理は，学校や教科書でも学ぶことができにくい領域で，個々の経験を通して身につけていくような「知」であると述べている．その経験を通して身につけていく「知」を専門性として適切に評価する必要があり，そのためにもスーパーバイザーはSVを受ける必要がある．しかしながら，職場内で自らがスーパーバイズを受ける機会をいかにう確保するかという課題もある．吉田 (2014) は，介護支援専門員へのSVに関する調査から，主任ケアマネジャーに求められるのは，ケアマネジャーへのSVであり，それを可能にするためには，研修内容を改善したり，継続した学びの機会が保障されることだと述べている．ここで取り上げた継続的なSVでは，吉田の指摘している「継続性」と「研修（学ぶ機会）」を担保したものになったのではないかと考える．自らのSV事例をスーパーバイズしてもらう機会と，他者のSV事例から学ぶことによってこのことが可能となった．

【文　献】
吉田輝美（2014）『感情労働としての介護労働』旬報社.
田中かず子（2010）「感情労働としての介護」『現代のエスプリ』519 ぎょうせい，48-69.

第6章

高齢者施設ケアにおける
スーパービジョン実践場面

Ⅰ 個人スーパービジョン事例

　本章では，個人スーパービジョン（以下，SVと略）とグループスーパービジョン（以下，GSVと略）の実践場面についてダイアログを用いて説明していく．「よいSV」と「望ましくないSV」を例示しながら，なにが違うのかを確認し，SVの進め方について理解を深めていく．とくに「望ましくないSV」では，なぜ望ましくないのかについて解説していくことにする．なお，ここで紹介する事例に登場する人物はすべて仮称である．

1．小規模施設で働くバーンアウトしそうな職員へのスーパービジョン

> 【事例】小規模多機能型施設で働く朝倉さんは，認知症の症状がみられる松田園子さん（78歳）の週4日の利用日に自宅に迎えに行っている．松田さんは，長男夫婦と同居しており，送迎の時間帯にはお嫁さんが自宅にいるものの，職員が会うことはほとんどない．松田さんの出かける準備ができるまでは，相当な時間がかかるが，それでもいままで頑張ってきた．しかし，施設で待つ職員からは，「朝倉さんが迎えにいくとなかなか帰ってこない」「時間がかかりすぎる」と言われる状況だ．私は頑張っているつもりだが，だれもわかってくれない職場でどうしたらよいのか悩んでいる．

● スーパーバイザー：主任

【よいスーパービジョンの展開】
　朝倉さん　：松田園子さんのケアのことでご相談があるんですけど，時間ありますか．
　バイザー　：いいですよ．次の会議まで30分ほど時間があるので，その時間内でも大丈夫ですか．
　朝倉さん　：はい．
　バイザー　：あまり元気がないようだけど，なにかあったの？
　朝倉さん　：松田さんのケアのことで…私，とても時間がかかっていて他のスタッフに迷惑をかけているみたいなんです．

バイザー　：具体的には，どんなことからそう思ったのか教えてもらえる？

朝倉さん　：松田さんのお迎えから戻ると「なんでそんなに時間がかかるの？時間かかりすぎ」って怒られるんです．

バイザー　：時間がかかりすぎていると怒られるのね．それはなんでだろうね．なにか気づくことがある？

朝倉さん　：そうですね，他の職員が迎えに行っているときは，着替えをすべてお手伝いしているみたいなんですけど，私は松田さんにできることをなるべくしてもらおうと思ってやっているんです．

バイザー　：それは，とても大切なことだよね．朝倉さんは，本人のペースでケアをしてくれているのね．どうもありがとう．

朝倉さん　：あ，はい．

バイザー　：ほかには，松田さんの送迎でなにか気づくことや考えられることはある？

朝倉さん　：あの，朝倉さんの家はお嫁さんがいるのですが，全然お見かけしないですし，他の家族にもお目にかかったことがないんです．

バイザー　：朝倉さんは，松田さんのお嫁さんと朝の準備についてお話したことはある？

朝倉さん　：ないですね．あまりご家族の方には，聞いてみたことはないです．

バイザー　：ご家族の方に聞かないっていうのは，朝倉さんなりになにか理由があるの？

朝倉さん　：そうですねぇ．なんか，専門職だから，プロだからできるだろうって思われているんじゃないかと思うと，松田さんと向き合っていくなかで答えを出すべきなんだろうと思っています．だから，いろいろと家族に聞くと，家族が不安になってしまうのではないかって思っているんですよね，私．

バイザー　：朝倉さんは，ご家族に心配にさせないように専門職としての仕事をしようとしているのね．責任感が強いあなたをスタッフとして迎えて本当によかったわ．

朝倉さん　：そういってもらえてうれしいです．

バイザー　：ところで，施設であなたと松田さんを待っている他の職員については，どう思ってる？

朝倉さん　：私は，松田さんのペースで施設にくることへの気持ちが変わらないようにしながらケアしているのに，「遅い」っていわれることには正直腹も立ちます．

バイザー　　：あなたは，松田さんが"施設に行かない"とおっしゃらないように
　　　　　　　ていねいに関わってくれているのね．本当に利用者さんを大切にケ
　　　　　　　アしてくれてありがとう．ところで，そんな関わり方をしているっ
　　　　　　　てことを施設で待っている他の職員は知ってるの？

朝倉さん　　：待っている職員ですか？　あえていっていませんが，この対応って
　　　　　　　普通じゃないですか？松田さんに認知症の症状があるので，今日ど
　　　　　　　こに行くのかを記憶しておくことが難しいのはみんなわかってい
　　　　　　　ると思います．だから，どうしても松田さんのお迎えに時間がかか
　　　　　　　ってしまうことは，関わっている職員なら正直わかるんじゃないか
　　　　　　　と思っいます．

バイザー　　：施設で待っている職員は本当にわかっているかしら．どう思う？

朝倉さん　　：そうですねぇ・・・．「連れてくるだけなのに，どうしてそんなに時間
　　　　　　　がかかるの」っていわれるので，本当に玄関で待っていて連れてく
　　　　　　　るだけだと思っているかもしれないでね．

バイザー　　：その可能性がありそうなのね．朝倉さんは「だれもわかってくれな
　　　　　　　い」といっていたけど，わかってもらえるようなことをいままでして
　　　　　　　きた？

朝倉さん　　：わかってもらえるようなこと・・・もしかするとしてこなかったかも
　　　　　　　しれません．

バイザー　　：そう．「だれもわかってくれない」というのは，わかってもらおうと
　　　　　　　してこなかったのならば，仕方がないと思うんだけど．ケアの仕事
　　　　　　　はみんなでしている以上，わかってもらうようなアプローチは必要
　　　　　　　だと思うの．どんなことをしていけばいいと思う？

朝倉さん　　：話をしたらいいんじゃないかと思います．ケース検討会に松田さん
　　　　　　　のケースを出してみてもいいかもしれないです．ただ，時間がかか
　　　　　　　るだけでケアに困っているわけじゃないんですけど，こういうのも
　　　　　　　ケース検討会に出してよいのでしょうか．

バイザー　　：ケース検討会に出せるかどうか，リーダーに相談してみたらどう？
　　　　　　　いままで，こういう相談はしたことない？

朝倉さん　　：ないですね．なんとなく，ケース検討とかは，ケアするのが難しい
　　　　　　　利用者さんとか，家族がいろいろ要求してくる利用者さんとか，そ
　　　　　　　ういうのが多い感じがします．私からケース検討してくださいとい
　　　　　　　うのはいったことがありません．

バイザー　　：そうだったのね．ケース検討会は，ケアに困ったからやるものでは

ないので，検討が必要なことが生じたら，その都度するものよ．

朝倉さん　：そうだったんですね．

バイザー　：松田さんのケースについて，リーダーに話できそうかしら？

朝倉さん　：それなら，話をしてみます．

バイザー　：みんなで松田さんのケアについて考えられるといいわね．

【望ましくないスーパービジョンの展開】

朝倉さん　：松田園子さんのケアのことでご相談があるのですが，時間ありますか．

バイザー　：いいですよ．次の会議まで30分間ほど時間があるので，その時間内でも大丈夫ですか．

朝倉さん　：はい．

バイザー　：あまり元気がないようだけど，なにかあった？

朝倉さん　：松田さんのケアのことで・・・私，とても時間がかかっていて他のスタッフに迷惑をかけているみたいなんです．

バイザー　：どんな迷惑をかけてるの？

朝倉さん　：松田さんに時間かけすぎて，他の仕事をしていないのだから，いないのと同じだと思われています．

バイザー　：どのくらい時間がかかっているの？

朝倉さん　：45分くらいだと思います．

バイザー　：45分くらい・・・．他の職員が送迎に行くことがあるでしょ？そのときはどのくらい時間をかけているの？

朝倉さん　：他の人は15分くらいで戻ってきます．

バイザー　：他の人は15分でできているのに，あなたは45分かかるの？

朝倉さん　：はい．私は，松田さんにできることをやってもらおうとしているんです．

バイザー　：それは大切なことだっていうのはよくわかるんだけど，職場では，それぞれの業務分担があるでしょ．そうなると，次の予定が段取りどおりにうまくいかなくなってしまうでしょ．

朝倉さん　：はい．

バイザー　：他の人がしているケアをみたり，聞いたりしたことがあるの？

朝倉さん　：基本的に，職員1人で迎えに行くので，みたことはありません．他の人には怖くてちょっと聞けないです．

バイザー　：そんなこといってないで，みんなにどんどん聞いていったらいいのよ．みんなチームのメンバーなんだから．頑張ってね．

朝倉さん　　：はい，がんばります・・・．

◆ 望ましくなかった点 ◆

● スーパーバイザーがスーパーバイジーの話を聴こうとする姿勢がみえなかった．

● スーパーバイザーがスーパーバイジーに対して，5分でその仕事を終えてもらわないと困るという前提に立ち，そのためにどうするのかということを問うような形になっている．

● 管理的な側面が強く出すぎていて，SV になっていない．

● 事実を初めに確認したり，他の人との時間の差を考えさせたり，承認しているが，あなたのやり方は次の予定がうまくいかないのだから考えなさいと一方的な指導になってしまった．

● 「怖くて聞けない」といったスーパーバイザーの職場での思いも吐露しているにもかかわらず，それには触れず「頑張ってね」と励まし終了してしまった．

● スーパーバイジーのなかに「なにも聞いてもらえていない」「この人に相談しなければよかった」という感情が残る．

● 考えて行動しているスーパーバイジーを認めていない．

● 全体的にスーパーバイザーが話している量が多いため，一方的な印象になった．

2．介護職が向いていないのではないかと悩む新人職員へのスーパービジョン

【事例】入職して半年，相談員として採用された星宮さんはこの夏に1か月に8人の高齢者の臨終を経験し，自分の不甲斐なさを感じています．出勤すると，昨日まで話していた人が亡くなっていることもあり，いつも後悔ばかりが残ります．そのたびに立ち直れないほどの虚無感に襲われるのです．自分のできることなんてほとんどないし，こんなにつらい思いをその度に感じているようでは，この仕事は向いていないのではないかと思うのです．

● スーパーバイザー：入職 10 年目の先輩相談員

【よいスーパービジョンの展開】
　星宮さん　　：ちょっと仕事のことで，話を聞いてもらいたいですが，いいですか．
　バイザー　　：じゃあ，相談室で話をしようか．
　星宮さん　　：はい．
　— 場面が変わる —

星宮さん	：忙しいときに，時間を取ってもらってすみません．
バイザー	：大丈夫．なにか話したいことがあるんでしょ？
星宮さん	：はい．あの，入居者が亡くなるのって辛くないですか？この夏に8人の入居者が亡くなってしまって，高齢者だからいつ亡くなっても仕方がないって思うんですけど，それでも気持ちが収まらないんですよ．
バイザー	：この夏は，特別に暑い日が続いて入居者の方の急変も多かったですね．8人亡くなられたのは本当に辛い思いでしたね．入居者が亡くなられて，あなたはどんな風に思ったの？
星宮さん	：最初は，昨日元気だった人が，今日出勤したらいないってことが起こるんだって思ったんです．「また明日ね」っていって退勤したのに・・・．それがショックでした．
バイザー	：明日も会えると思った入居者に会えないことがあるという現実を知ったことがショックだったのね．
星宮さん	：はい．それから，体調を崩して緊急入院した人が施設に戻ってこないというのも何人もみてきました．もう会えないと思うと悲しくなってしまい，仕事が手につかなくなります．
バイザー	：また元気になって戻ってきてくれると思っていた入居者が戻ってこないのは，確かに悲しくなると思うけど，その入居者のみなさんに星宮さんがしてきたことで何か覚えていることはある？
星宮さん	：覚えていること・・・．そうですねぇ，101号室に入居していた浜田さんでしょうかね．浜田さんは，私が居室担当をした最初の入居者でした．私が居室を通りかかると手招きして私を呼ぶんです．そして，「体に気をつけなさい」「暗くなるから早く帰りなさい」っていってくれて，孫みたいに気にかけてくました．
バイザー	：あなたのことを気にかけてくれている入居者さんがいたのね．続きを話して．
星宮さん	：浜田さんは，お墓参りをしないと死ねないっていつもいっていたので「それは，墓参りにいかないといけないね」って話していたんです．家族さんにも相談して，暖かくなったらお墓参りに一度行けるように外出に向けて車の手配とかしましょうねといっていた矢先に亡くなってしまったんです．私は，浜田さんとの約束を守れなかった．
バイザー	：浜田さんの思いやニーズをくみ取って実現しようと努力してくれた

のね．ありがとう．浜田さんもあなたと話しができて，思いを話せてよかったと思うわ．

星宮さん ：でも，結局，約束は果たせていませんから・・・．レコードで音楽を聴きたいっていっていた入居者さんの願いも実現しないまま亡くなってしまいました．

バイザー ：あなたは，入居者さんと約束したことが果たせなかったことを悔やんでいるようだけど，そんななかでやり遂げたと思う出来事って覚えている？

星宮さん ：そうですねぇ．105号室の川村さんとは，ベランダで菜園を作ろうという話をして，きゅうりや茄子，シソを植えて収穫しました．川村さんとは3年間だったけど毎年野菜を育てられたのは，よかったです．

バイザー ：継続して川村さんと菜園をしてきたのは，施設でもみんなみていたから知っていたわよね．関わってきたあなたはどうだった？

星宮さん ：何気ないひと言から，川村さんが畑で野菜を作っていたことを知って，お誘いしたんです．本当に楽しそうに水をやりに行ったり，体調が悪いときでも窓越しに成長をみたり，台風がきたときには，大丈夫かなぁとハラハラしたり，一喜一憂をいっしょにできたことが最高に楽しかったです．

バイザー ：川村さんとそんな素敵な思い出があるなんて，あなたはとてもいい実践をしてきたのね．

星宮さん ：そうですかね．ありがとうございます．思い返すといい思い出です．

バイザー ：川村さんとそんな素敵な思い出ができたのは，どうしてだと思う？

星宮さん ：そうですね．やってみようという意欲がすぐに行動に変わったからでしょうか．ベランダ菜園って，施設のなかならできそうなことだったし．

バイザー ：やってみようという意欲がすぐ行動になったんだね．先ほど話してくれた浜田さんの場合にはどうだった？あなたはどんな風に考えてたのかな？

星宮さん ：墓参りに行くには，ご家族やいろんな人の協力が必要なので，じっくり考えないといけないなと思いましたし，その夢は叶えたいと思っていました．結局，計画に長い間かかってしまって．私たちが協力するなら，ご家族だけでは難しいことを叶えてあげたいと思っていたのかもしれません．だから，大きなことを成し遂げるってこと

が私自身の目標になってしまっていたのかもしれません.

バイザー　：そう. ご家族だけでは叶えることが難しいだろうと思うことにチャレンジしてみたいという気持ちがあったのね. そういうあきらめない姿勢は, きっと浜田さんにも届いていたと思うよ.

星宮さん　：そうだといいですけど.

バイザー　：浜田さんとよい思い出を共有できるような星宮さんのような介護士は, 私はとても大事にしたい人材だし, これからもたくさんの実践を積み重ねていってほしいと思うんだけど, あなたの気持ちはどう?

星宮さん　：正直, 話をするまでは辛すぎて耐えられないと思っていたので, 辞めようと思っていました. でも, 自分が大きなことにチャレンジしたいって気持ちがあって, それで, いろんな人と調整しているうちに時間がかかってしまったこともあって. できることからやっていかないと, 高齢者の明日は当然のようにはこないんだって改めて気づかされました. だから, いま辞めたらいけないんじゃないかっていう気持ちになっています.

バイザー　：そう. そういう気持ちになれたのならば, あなたがこれからどのような実践をしてくれるのか楽しみだわ.

【望ましくないスーパービジョンの展開】

星宮さん　：ちょっと仕事のことで, 話を聞いてもらいたいですが, いいですか.

バイザー　：じゃあ, 相談室で話をしようか.

星宮さん　：はい.

　― 場面が変わる ―

星宮さん　：忙しいときに, 時間を取ってもらってすみません.

バイザー　：大丈夫. なにか話したいことがあるんでしょ?

星宮さん　：はい. あの, 入居者が亡くなるのって辛くないですか? この夏に8人の入居者が亡くなってしまって, 高齢者だからいつ亡くなっても仕方がないって思うんですけど, それでも気持ちが収まらないんですよ.

バイザー　：そうだったのね. 8人をお見送りしたのは, しんどかったですよね.

星宮さん　：はい.

バイザー　：でも, まだ星宮さんは入職して半年でしょ. だから, これからいろいろ経験していけば慣れるから大丈夫だと思うよ.

星宮さん　　：慣れですか・・・

バイザー　　：最初は，みんなそう．少しずつ頑張っていくしかないかな．私が入
　　　　　　　職したときも，星宮さんみたいに高齢者が亡くなっていくことが悲
　　　　　　　しくていつも泣いていたけど，いまは大丈夫よ．寿命がきたのだと
　　　　　　　思って向き合うと，泣かなくなったわ．専門職ってそういうものじ
　　　　　　　ゃないかしらね．

星宮さん　　：わかりました．頑張るしかないと思うと，私の頑張りが足りないの
　　　　　　　かもしれないなって思いました．

バイザー　　：またつらくなったら，いつでも話を聞くからいってね．

◆ 望ましくなかった点 ◆

● 「8人はつらかったね」と，死と向き合うことを人数で表現し受容しようとした．

● いまつらいのは，自分の頑張りが足りないのではとスーパーバイジーが感じる
　ものだった．

● この仕事を向いていないかもと感じているスーパーバイジーの話にまったく寄
　り添えていない．

● 気持ちの整理がまったくできないままになってしまった．気持ちが収まらない
　のに，気持ちも引き出せてもらえない．

● 人の死の経験を「慣れ」ということで片づけている．

グループスーパービジョン実践場面

1. 限られた職員しか介護させてもらえず,「介護拒否」といわれる高齢者のケアをめぐるスーパービジョン

> 【事例】グループホームで勤務しはじめて2年半が経った.居室担当も任されるようになって,仕事が楽しくなってきた.しかし,最近自分の担当する入居者の長岡さん(78歳)のケアについて悩んでいる.たくさんの職員がいるなかで,2人の職員しか長岡さんのケアをさせてもらえない状況が続いている.着替えも,トイレの介助も「結構です」と断られてしまい,あまりしつこくすると怒り出してしまうため,どうすればよいかわからない.
> シフト制で,いろいろな職員が365日交代しながら高齢者の生活を支えているのだから,このままではよくないと思っているのだが,どうすればよいかがわからない.

【事例】
- 場　　面：ユニット会議
- バイザー：ユニットリーダー
- 参 加 者：ユニットスタッフ　4名
  　　　　　松本さん　入社7年目
  　　　　　市井さん　入社4年目
  　　　　　宮崎さん　入社2年目
  　　　　　横山さん　入社1年目

【よいスーパービジョンの展開】
　バイザー　　：今日は,最近のご利用者さんのケアについて困っていることがあるという相談を受けたので,皆さんとGSVをしたいと思います.居室担当の宮崎さんから説明してもらえますか.
　宮崎さん　　：はい.私が居室担当をしている長岡さんの介護のことで困っていて,ユニットリーダーに相談したのがきっかけです.長岡さんは,入居以来ご自身のことは,ほぼ自分でなされる人なのですが,入居から1

年経過して，少し ADL も低下しているので，介助が必要になってき
ています．トイレや着替え，入浴のときにお手伝いしているのです
が，数人の職員だけにケアさせてくださる状況で困っています．

バイザー　：宮崎さん，ありがとう．長岡さんが特定の人のケアしか受けてくだ
さらないので困っているということでした．宮崎さん，特定の職員
からのケアしか受けないという状況をどうして改善したいと思われ
たのか，教えてもらえますか．

宮崎さん　：はい．ユニットには，ほかにも入居者の人がおられるのと，私たち
は毎日出勤するわけではないので，だれが勤務してもケアできるよ
うな環境が整ってないと一部の職員に負担が集中してしまうのでは
ないかと思ったからです．

バイザー　：宮崎さんは，入居者全体のことや職員の負担までも考えてくれてる
のね．リーダーとしてはとても頼もしいです．さて，宮崎さんから
のいまの状況を聞いて，みなさんも長岡さんのケアで困られている
という状況はあるんでしょうか．どうですか，松本さん．

松本さん　：私ですか・・・　そうですねぇ．松本さんのお世話をさせていただいて，
特段困ったという経験が正直ないんです．言語でのコミュニケーシ
ョンも可能な人ですし，たいていのことは，話をすれば納得してく
ださいますから，なるべく声をかけるようにしてます．

バイザー　：松本さんは，とくに困ったことはないということでした．なるべく
声をかけることをしながら，ケアされているということですね．市
井さんは，どうですか．

市井さん　：私の場合は，長岡さんと同じ状況ですね．私が居室に行くと，「今日
はなんだ」とおっしゃることも多くて，いつも身構えているように
みえます．トイレのお手伝いも「ついてこないで」とおっしゃられ
たりするので，こちらも積極的に関われないことが多いです．

バイザー　：長岡さんは，いつも身構えていて，積極的なケアをさせてもらえな
い状況なのですね．その状況を市井さんはどのように感じています
か．

市井さん　：何のやり方が悪いのか，もしかすると認知症が進んでいるからじゃ
ないかと思うことがあります．でも，最近は単に私との相性が悪い
んだろうなと思うことにしています．

バイザー　：どうして，そのように思うようにしているの？

市井さん　：まったくわからないからです．人って少なからず好き嫌いはあるじ

ゃないですか. もちろん, それは長岡さんにもあると思うから.

バイザー :市井さんも長岡さんのケアについては悩んだけど, いまのところわからないっていうところなのね. いまの話を聞いていて横山さんはどう思った？

横山さん :実は, 「介護拒否がある」と記録に書いてあって, どうしてだろうと思っていました. 私は長岡さんのケアをするときに, やりにくさとか難しい人だなとか感じたことがないんです.

バイザー :そうなのね. 横山さんは, 長岡さんが「介護拒否がある」と書かれているのをみてどう思った？

横山さん :拒否するには理由があるんだろなとは思っていました. でも, 自分自身がその状況にないので, それ以上のことは考えたことがありません.

バイザー :横山さんは, 長岡さんのケアをするときに気をつけていることある？

横山さん :気をつけていることですか？ そうですねぇ. さっきも宮崎さんがいっていましたけど, 自分のことを自分でする人なので, あまりお手伝いしすぎないようにしています. それと, 長岡さんのなかでは, 私は新人なので基本的にあまり頼れない人という認識があるみたいですよ.「あんたは, 学校に行っているのか」ってよく聞かれますし. 私のことを実習生だと思っているときもあるみたいです.

バイザー :そうだったのね. このユニットでは, 4名の職員のうち2名が長岡さんにケアをさせてもらえていることがわかったけど, いまの横山さんの話を聞いて宮崎さんはどう思った？

宮崎さん :そうですねぇ. ちょっと私と違うなぁと思ったんですよね. なにが違うんだろう. え～っと, 私はお世話しすぎているのかな.

バイザー :お世話しすぎているというのは, どういうこと？

宮崎さん :たとえば, ADL が少し下がったことによって, お手洗いの失敗があるとご本人の気分が落ち込んだりするだろうと思って, 私は, なるべく長岡さんに声をかけて, いろいろお手伝いしたくなるんです. でも, 横山さんの話聞いていたら, ちょっと違うのかなって.

バイザー :宮崎さんは, 長岡さんのためにやってきたケアがちょっとやりすぎていたんじゃないかって感じたのね. 松本さんは, いまの話を聞いてどう思う？

松本さん :そうですね. 宮崎さんは長岡さんの気分などにも配慮してケアしてるんだなって感心しました. 私も, どちらかといえばあまり長岡さ

んのケアをしているって感じがないなって聞いていて思いました.

バイザー　：ケアしている感じがないってどういうこと?

松本さん　：声をかけてはいますが, 唐突に「着替えましょう」とか,「トイレ行きましょう」とかいいませんし, なにか長岡さんが動きたい気配があるときに声をかけたり, 必要性があるように声かけています.

バイザー　：松本さんは, 長岡さんへの声かけや促しは, 必要性とともにやっているってことなのね. 市井さん, いままでみなさんに話してもらって, 他の人の長岡さんへの向き合い方が少し見えてきたと思うんだけど, なにか思うことはある?

市井さん　：私は, 認知症が進んでいることが原因かと思ってあきらめていましたけど, なにか違うような気もしてきて. 私は, 嫌われてもいいし, 仕事だからやらなきゃいけないし, と思っていました. でも, そもそも長岡さんにどれだけのお手伝いが必要なのかがわからないまま, みんながやっているんじゃないのかって気がしてきて.

バイザー　：市井さんは, 私たちの長岡さんへのお手伝いの度合いが違うんじゃないかってことをいってくれているんだと思うんだけど, それについて宮崎さんはどう感じる?

宮崎さん　：そうですね. 市井さんからの言葉でハッとしました. 私たちのやっていることって, バラバラなのかもしれないって.

バイザー　：このユニットでケアしているみなさんの関わり方が合っていないってことに気づいたのは, すごいことじゃない. ただ, みんな長岡さんのことを思ってケアしているということは同じだと思うの. 今日は時間がないので, この続きは, 来週しましょう.

【望ましくないスーパービジョン】

バイザー　：今日は, 最近のご利用者さんのケアについて困っていることがあるという相談を受けたので, みなさんと GSV をしたいと思います. 居室担当の宮崎さんから説明してもらえますか.

宮崎さん　：はい. 私が居室担当をしている長岡さんのケアのことで困っていて, ユニットリーダーに相談したのがきっかけです. 長岡さんは, 入居以来ご自身のことは, ほぼ自分でなされる人なのですが, 入居から 1 年経過して少し ADL も低下しているので, 介助が必要になってきています. トイレや着替え, 入浴のときにお手伝いしているのですが, 実は数人の職員にだけケアさせてくださる状況で困っています.

バイザー　　：そうですか．前から少し聞いていましたが，限られた人だけがケア
　　　　　　　させてもらえる状況はあまりよくないですね．このなかではいちば
　　　　　　　んベテランの松本さんは，このことについてどう思いますか？

松本さん　　：そうですね．私は，ケアさせてもらえているので，大変さがよくわ
　　　　　　　からないのですが，認知症のご利用者だという点をきちんと考慮し
　　　　　　　ていくことが大切だと思います．

バイザー　　：それは具体的には，どういうこと？

松本さん　　：長岡さんは，認知機能が低下していることもあり，一度でこちらの
　　　　　　　言っていることを理解することは難しくなっているんです．だから，
　　　　　　　こちらが通じただろうと思ってケアすると，長岡さんが驚かれて拒
　　　　　　　否されたり，そもそもわかってないこともあると思うんです．

バイザー　　：松本さんは，長岡さんの認知機能の低下が介護拒否につながってい
　　　　　　　ると思うのね．市井さんはどう思う？

市井さん　　：私は，認知機能の低下もあると思いますが，長岡さんの自尊心が関
　　　　　　　係しているんだと思います．自分のことを自分でやってきた長岡さ
　　　　　　　んが，いろいろなことにお手伝いが必要になってきて，それを受け
　　　　　　　入れられないのだと思います．

バイザー　　：自分のことはだれでも自分でしたいと思うのは当然ですよね．市井
　　　　　　　さんは，自尊心と介護拒否とが関係しているのではないかといって
　　　　　　　くれました．これについて意見ある人はいますか．

松本さん　　：自尊心と介護拒否との関係は本当にそのとおりだと思いました．長
　　　　　　　岡さんの最近の様子については，居室担当の宮崎さんからもう少し
　　　　　　　聞きたいです．

宮崎さん　　：はい．ADL が低下してきているといいましたが，食事は箸やスプー
　　　　　　　ンをうまく使えていません．距離感がわからないみたいです．歩行
　　　　　　　は自立していますが，時々トイレでの失敗がみられます．長谷川式
　　　　　　　は 15 点．1 年前より 5 点下がっています．入浴は，とくにいやがら
　　　　　　　れるので，私がお誘いして失敗すると翌日他の人にお願いして何と
　　　　　　　か入浴していただいている状況です．

松本さん　　：空間認知の問題もあるみたいだよね．

宮崎さん　　：はい．

松本さん　　：1 年生の横山さんは聞いていてわかる？

横山さん　　：認知症の話は勉強していますが，空間認知と認知症の関係がわかり
　　　　　　　ません．

松本さん　　：それは勉強しておいてね．今日は聞いてればいいから．ところで，今日はどこまで結論を出せばいいんですか？

バイザー　　：長岡さんのケアをこれからどうするのか，みんなで結論が出せたらよいと思っているわ．

松本さん　　：じゃあ，今後の長岡さんへの関わり方について検討しましょうか．

◆ 望ましくなかった点 ◆

●ベテラン職員が，バイザーを無視して話をはじめた点．そして，それに対してバイザーが話の軌道修正をしなかったこと

●ベテラン職員が，1年目の職員に対して「勉強しておいて」や「聞いてればいい」と発したことにより，GSV で発言しない人が存在したこと

●介護拒否は，認知症の症状によってもたらされるものと結論づけられており，長岡さんの現在の状況を確認することに注視されたこと

●結果的にバイザーが，長岡さんの今後のケアについてみんなで考えることをゴールにしてしまったため，完全に事例検討となってしまった

2．認知症の人の暮らし方を管理すべきなのか，普通の暮らしをめぐる職員の葛藤に対するグループスーパービジョン

【事例】私は定員 70 名の特別養護老人ホームに勤務している．6 ユニットあり，それぞれにユニットリーダーが集まり月に 1 回会議を行っている．先月，私が配属されている C ユニットの入居者家族から，「ここは，刑務所ですか？生活施設だと聞いているのに，洗面台に花ひとつ飾ってないし，タオルもかかっていない．トイレにはトイレットペーパーもないし，トイレのドアは私が見るときは，いつも開いたままです．もう少し母にいい暮らしをさせたいと思って，病院ではなくて老人ホームを選んだのに，これではかわいそうです」との意見があった．ユニットリーダーは，その場では「ご意見いただきありがとうございます．改善できるよう努力します」と回答したものの，なぜ，このようにしてきたのかの理由もわからずこれまでのやり方を踏襲してきただけだったのではないかと思っていた．

・場　　　面：ユニットリーダー会議
・バイザー：ユニットリーダーを統括する主任
・参 加 者：ユニットリーダー　6 名

　　　　　　寺崎さん　ユニット A

210 第6章 高齢者施設ケアにおけるスーパービジョン実践場面

岡村さん　ユニット B

津崎さん　ユニット C

土屋さん　ユニット D

鈴原さん　ユニット E

西岡さん　ユニット F

【よいスーパービジョンの展開】

バイザー　：今日は，定例の報告の後に，C ユニットの津崎さんからみなさんと話をしたいことがあると事前に申し出がありましたので，少し皆さんといっしょに考えていきたいと思います．津崎さん，少し説明していただけますか．

津崎さん　：お忙しいところ，ありがとうございます．私のユニットであるご家族から，ご意見をいただきまして，そのことについて皆さんと共有したいと思いましてこの場でお話させていただきます．

　　ご家族からは，「ここは，刑務所ですか？生活施設だと聞いているのに，洗面台に花ひとつ飾ってないし，タオルもかかっていない．トイレにはトイレットペーパーもないし，トイレのドアは私が見るときは，いつも開いたままです．もう少し母にいい暮らしをさせたいと思って，病院ではなくて老人ホームを選んだのに，これではかわいそうです」といわれたのですが，皆さんのユニットも同じような状況だと思うのです．このことをいわれてハッとしたというか，なんでこんな風にしてるのだろうと思ったこともあって皆さんに聞いてみようと思ったのです．

バイザー　：津崎さんありがとう．ご家族からご意見をいただいて，そのことで疑問を持ったということなんだけど，このことについて他のユニットの状況を少し聞いてみたいと思います．

寺崎さん　：A ユニットですが，認知症のある入居者が少なかったときは，トイレにもペーパーを置いていましたし，洗面台に花を生けたり，タオルを置いたり，ハンドソープを置いたりしてましたよ．でも，認知症の方が持って行ってしまったり，誤って口に入れてしまうことが多くなって，全部棚にしまって職員がその都度出すことになったんですよ．うちのユニットでも，同じようにしています．入居者の安全を考えると，私はそうするのがよいと思っています．

バイザー　：寺崎さんありがとう．A ユニットは，いまは棚に全部しまっている

とのことでした．入居者の安全を考えると，そのような方法がよい
と考えているようですね．他のユニットにも聞いてみましょうか．
同じように考えているユニットありますか．

土屋さん　：Dユニットですが，Aユニットと同じようにしています．まえに，
トイレットペーパーを便器に詰まらせたり，石鹸を食べてしまう入
居者がおられて，目が離せない状況になったので，これでは安全が
守れないということで，しまいました．

鈴原さん　：私もユニットもそうなのですが，話していいですか．

バイザー　：どうぞ．

鈴原さん　：Eユニットです．私のユニットでは，1年位前から洗面台のタオル
や石鹸，トイレットペーパー，壁掛けの造花を外しました．これは，
実際にそれでケガをされた入居者がいたためです．少ない人数で入
居者を援助するには限界があるため，普通の生活は我慢してもらわ
ないといけないのだと思います．

バイザー　：普通の生活は，多くの入居者を支援する特養では難しいということ
が，鈴原さんのユニットでの見解ということですね．ところで，鈴
原さんがおっしゃった「普通の生活」ってどんなことをイメージさ
れているのか教えてもらえますか．

鈴原さん　：そうですね．たとえば，朝起きて何時に何を食べるか自分で決めら
れることとか．外出したいと思ったとき，出かけられたり，お風呂
に入りたいと思ったときに入れることかな．

バイザー　：そういうことが「普通の生活」というイメージなんですね．そうす
ると，特養という場所は管理されていると思わざるを得ないという
ことですかね．このことについて，他のユニットの方はどう思いま
すか．

岡村さん　：Bユニットでのリーダーです．私のユニットは，Cユニットでご家
族がおっしゃられたような状況はありません．リスクはどこにでも
あると思うからです．その代わり，ご家族が面会に来たときには，
とくに認知症の症状のあるご家族にはていねいに説明させていただ
いて，ユニットの方針を理解していただき信頼関係をつくるように
してきました．

バイザー　：Bユニットでは，他のユニットとは少し様子が違うようですね．ユ
ニットの方針というのは，具体的にどういう方針なのか，みなさん
にお話ししていただけますか．

岡村さん　：はい．認知症だからという理由でケアをあきらめないということと，環境をケアに活かすという２点です．あえて，無機質な殺風景な環境にしないことで，鈴原さんの言っていた「普通の生活」をしていただきたいと思って，Ｂユニットでは取り組んできています．

バイザー　：ご家族に話しをきちんとされている点や何をユニットで大事にしているのかということはとてもよくわかりました．土屋さんのユニットではどうですか．

土屋さん　：Ｄユニットですが，私はＣユニットのご家族がおっしゃられたトイレの扉が開いているということについて，ご家族もいやだろうなぁと思いました．私のユニットでは，トイレットペーパーをしまったり，いま言われたようなことはしていません．もちろん，トイレの扉があいているということもありません．なぜ開けてあるのでしょうか．

バイザー　：いま，土屋さんからトイレの扉がどうして開いているのかという質問がありましたが，津崎さんいかがですか．

津崎さん　：トイレの扉ですよね．これは，安全のためです．もし，中に入られているのが分からなかったり，中から鍵をかけて入居者が出られなくなったり，中で倒れていたときに発見できなかったりしたら困るからです．

バイザー　：そういう理由で扉を開けているわけですね．このことについて，他のユニットではどうですか．

寺崎さん　：ちょっと質問してもいいですか．

バイザー　：どうぞ．

寺崎さん　：それは，使用中はもちろん閉めていますよね？いまの話だと，使用しているときも開いていると捉えられると思うのですが．

津崎さん　：使用しているときも，開いていることがあります．理由は先ほどの通りです．

寺崎さん　：それは，どうかと思いますよ．人権を無視しています．

バイザー　：いま，寺崎さんから人権の話が出ました．私たちの仕事は，人権を守ったり脅かすことも簡単にできてしまうという意識をもつことが大事だと思うのですが，いまの話についてどう思いますか．

土屋さん　：いま，話を聞いていて，私たちが「入居者のため」とか「安全」と言っていることは，実は「自分たちのため」なのではないのかって思いました．

バイザー　　：土屋さんは，そんな風に考えてみたのね．もう少し聞かせてくれる？

土屋さん　　：普通に考えて，トイレのドアを開けたままにして使用するとか，トイレにペーパーがないという状況，私たちだったらとても焦ってしまうと思うし，いやじゃないですか．それを私たちは「安全」っていう言葉で日常的にやっているんだなって思ったら，私たちが普通じゃないというか・・・．

バイザー　　：土屋さん，思っていることを言葉にしてくれてありがとう．私たちが「安全」と思う環境を作っているけど，それは，入居者にとって「安全」かもしれないけれども，どうなのか．という意見だったと思います．いまの土屋さんの考え方を聞いて，鈴原さんはどう思いました？

鈴原さん　　：そうですね．確かに，私たちが安全だって納得していることってたくさんあるんだろうなって思います．でも，実際にCユニットのご家族がおっしゃっていることって，ごもっともだし，ご家族もご本人もそういうことを求めて特養を選ばれていることを私たちは，もう少し考えないといけないなと思いました．

バイザー　　：Cユニットのご家族がおっしゃったことは，私たちの介護者にとってとても大事なことを気づかせていただいたと思います．鈴原さんが言ってくれたように私たちが安全を決めていることもあるんじゃないかということも重要な視点でした．今日は，結論が出ないと思いますが，何度かこうしたSVをしてきたいと思いますので，みなさんがそれぞれのユニットで実践するなかで今日のことを考えてみてください．

【望ましくないスーパービジョンの展開】

バイザー　　：今日は，定例の報告の後に，Cユニットの津崎さんからみなさんと話をしたいことがあると事前に申し出がありましたので，少し皆さんといっしょに考えていきたいと思います．津崎さん，少し説明していただけますか．

津崎さん　　：お忙しいところ，ありがとうございます．私のユニットであるご家族から，ご意見をいただきまして，そのことについて皆さんと共有したいと思いましてこの場でお話させていただきます．

ご家族からは，「ここは刑務所ですか？生活施設だと聞いているのに，洗面台に花

ひとつ飾ってないし，タオルもかかっていない．トイレにはトイレットペーパーもないし，トイレのドアは私がみるときは，いつも開いたままです．もう少し母にいい暮らしをさせたいと思って，病院ではなくて老人ホームを選んだのに，これではかわいそうです」といわれたのですが，みなさんのユニットも同じような状況だと思うのです．このことをいわれてハッとしたというか，何でこんな風にしているのだろうと思ったこともあってみなさんに聞いてみようと思ったのです．

バイザー　：長岡さんありがとう．ご家族からご意見をいただいて，そのことで疑問をもったということなんだけど，このことについて他のユニットの状況を少し聞いてみたいと思います．

寺崎さん　：A ユニットですが，私もこの施設に勤務した当初から，あまりものを置かないようにしていました．理由は，ご入居者の安全のためと先輩から聞いていました．

バイザー　：A ユニットでは，ご入居者の安全のためにものを置かないと説明されてきたのね．他のユニットはどう？

土屋さん　：やっぱり，安全は大事だと思うんです．私のいる D ユニットでは，現在いろんなものを収集する方や，なんでも口に入れてしまうような行為をする方がいないので，あまり神経質になっていませんが，もしいらっしゃったら A ユニットや C ユニットのようにしていると思います．

バイザー　：D ユニットでも，状況に応じて同じような環境になることもあるだろうということですね．土屋さんありがとう．F ユニットの西岡さんのところではどうですか？

西岡さん　：F ユニットでは，そもそもあまり物を置かないようにしてきたので，何か特別にそのことについて疑問をもったことがないんですが，今日の話は施設全体で決められたルールがないからユニットリーダーたちが困っていると思うんです．全体で決めてもらえませんか？

バイザー　：西岡さんは，施設全体として何を置くか，置かないのかをきちんと決めてもらえれば悩まなくてよいのにということですか？

西岡さん　：はい．そうですね．

バイザー　：他の人も聞いてみましょう．鈴原さんはどうですか．

鈴原さん　：私も西岡さんの意見に賛成です．決めてもらえたら業務がしやすくなります．

バイザー　：そうですか．岡村さんは，いまの意見を聞いてどう考えますか．

岡村さん　：そうですねぇ．よくわかりません．前からそうなっていたのには理由があると思うので，あまり変えない方がいいと思います．だけど，施設が決めたことなら従います．その他は，とくに何も思いません．

バイザー　：わかりました．では，ユニット内の環境については，施設の方針が必要だということを役職者会議にあげたいと思います．方針が決まり次第，また招集します．

◆ 望ましくなかった点 ◆

●津崎さんが GSV のテーマにして欲しいと思って話がことと論点がずれてしまい，結果的に施設で方針を明らかしないからだという方向に進んだ．今日の SV の目的が明確になっていなかったために起こった．

●津崎さんに最初に説明してもらったものの，その後津崎さんに話を振ることなく，終了した．

●スーパーバイザーが司会者に徹してしまい，各ユニットリーダーに話しを振ることが中心になった．そのため，スーパーバイジーの発言についてもう少し深く聞いたり，日頃の業務に関してねぎらうことなどができないままになった．

●集まったスーパーバイジーのなかに，SV がどういうことかが理解できていないと思われる人がいるために，「他者に任せる」や「とくに何も思わない」といった発言がみられた．

おわりに

　これまで，認知症高齢者へのケアのあり方についてさまざまな視点から研究が積み重ねられてきた．そのなかでも，とくにケアの世界へ重要な影響を与えてきた研究と実践の視点として，キッウッド等によるパーソン・センタード・ケアの視点，および DCM の方法論を第1にあげることができる．それ以外に，認知症ケアに関連するさまざまな研究を当たってみると，QOL を重視するケア論，アクティビティを重視するケアの方法論，環境に焦点を当てるケア，バリデーションの視点，さらには身体的要因を重視する視点，共生の視点や人間学的な支援をベースとする認知症ケアの考察などさまざまなアプローチがみられる．これらの研究は，認知症ケアの方法論や理念と密接に結びついており，それらが目指す方向性には多くの共通点があり，認知症ケアのどの部分を強調するかという点が異なっているにすぎないと思われる．

　近年の認知症ケアの多くの現場では，パーソン・センタード・ケアの考え方がその基盤に据えられるようになっている．かつて，認知症ケアが「痴呆ケア」とよばれていたころは，認知症を治療困難な精神機能の障害と見なし，精神機能低下によって生じる行動障害へ抑制的な対応を取ることが一般的であった．そのようなケアへの反省に基づいて提唱されたパーソン・センタード・ケアにおいては，「その人らしさ」に焦点が当てられ，その人が有している生活の背景や感情，残されているさまざまな機能への働きかけが重視されている．今日，認知症ケアに携わるケアワーカーは，認知症高齢者へのケアにおいて，認知症高齢者の人間存在としての全体的理解へ向けて取り組むことが求められている．そのような「その人らしさ」をたいせつにする視点は，共生の視点，人間学ないしは現象学的な視点に基づいた認知症高齢者とケアワーカーとの「ケア関係」を要請している．

　ここで，認知症ケアにおける関係性を少し詳しく見てみると，認知症高齢者を取り巻く直接の関係のなかには高齢者と家族との関係，親族や知人との関係，グループホームや特養などの入所施設における他の利用者との関係，ケアワーカーとの関係などが含まれる．そのなかでもとくに重要な意味をもつのはケアワーカーとの関係であろう．ケアワーカーは認知症高齢者の感情や身体の状況，アクティビティ，QOL の状況全般，および高齢者を取り巻く重層的な関係性を理解し，そのうえで「そ

の人らしさ」を支えるためのケアを行っていく．認知症ケアにおけるこのようなケアワーカーと認知症高齢者の関係性の特徴は，認知症高齢者を中心とした関係性として構成されている点にあると理解することができる．そして，認知症ケアにおけるこのような関係性の構造が，認知症ケアの質の向上を支えるうえでの重要な基盤となっている．

　このように，認知症ケアにおける非常に複雑な関係性を整理してみると，認知症高齢者を中心としたケア関係のなかでも，とくにケアワーカーと認知症高齢者の関係性が非常に大切であることがみえてくる．そして，その関係性のなかで認知症高齢者へ焦点を当てることが重要であることは間違いない．しかし，ここで"関係性"ということにもう一度注目してみると，関係性の一方の主体である高齢者ともう一方の主体であるケアワーカーとは，関係性における関係として対等であることがみえてくるのではないだろうか．ケアワーカー自身も，家族や同僚，利用者との関係のなかで喜び，驚き，悲しみ，怒り，恐れなどを感じ，ときに体調不良に陥り，将来への希望や不安を感じている主体であることは間違いない．認知症ケアにおける複雑な関係性を俯瞰しながら，ケアワークの専門性を支え，ケアの質向上を目指した取り組みを行っていくうえでは，認知症ケアにおけるケアの関係性をケアワーカー自身がどのようにとらえていくかという問題に正面から取り組んでいく必要があるものと考えられる．

　本書はそのような問題意識から，高齢者介護の現場で認知症ケアに取り組んでいるケアワーカーやケアマネジャーが，自らのケアのあり方や，ケアの関係性を見つめ直そうと取り組んできた SV 実践の経過を整理したものである．そこで示されるさまざまな SV の事例においては，認知症ケアにおける基本的な考え方としての原理原則と，その原理原則へのスーパーバイジーの関わりの双方が取り上げられており，さらにはそれらの問題を構成する職場や地域の問題も一部取り上げられている．認知症ケアにおいて指導的な役割を果たしている皆様の実践の参考としていただければ幸いである．

2019 年 9 月

編者一同

索引

【A-Z】
GSV　145,150
OFF-JT　116,122
OJT　15,116,122
QOL　121
SD　116

【あ行】
インターディシプリナリー・モデル　113
オブザーバー参加者　149
援助技術の評価の支援　110

【か行】
介護拒否　204
介護職員初任者研修　20
開始段階　49
課題チェックリスト　134,135
カデューシン（Kadushin,1976）　34,38
関係に内在する権威性　46
感情とスーパービジョン　190
感情労働　15,191
管理機能　41
管理的機能　36
キャリア形成　145
教育的機能　36
業務外の教育訓練　122
業務内の教育訓練　122
業務管理　154
グループスーパービジョン　23,45,209
ケアマネジメントの実践　93
ケアマネジメントの評価　105
契約によって始まる関係　46
研修システム　115
個人SV　45,145

コンプライアンス　166

【さ行】
自己啓発　116
支持機能　41
支持的機能　36,178
終結段階　49
主任ケアマネジャー　93
種類　45
準備段階　49
情報共有　113
職場の風土　116
事例検討　152
人事評価　166
シンボルモデル　93
信頼関係の構築　114
スーパーバイザー　33
スーパーバイザーとしての課題　66,74
スーパーバイザーの傾向と方法　47
スーパーバイザーの立場　74
スーパーバイジー　33
スーパーバイジーの課題　66,128,134
スーパーバイジーの感覚　174
スーパーバイジーを支える視点　177
スーパービジョン（SV）　17,33
スーパービジョン環境　115,135
スーパービジョン観察シート　158
スーパービジョン契約　40
スーパービジョンの意義　36,116
スーパービジョンの課題　133
スーパービジョンの過程　49
スーパービジョンの機能　36
スーパービジョンの形態　45
スーパービジョンの効果評価　39

スーパービジョン自己評価　127,131
スーパービジョンの実践　93
スーパービジョンの実施段階で使用する材料・技法　45
スーパービジョン体制　165
スーパービジョンの評価　105
スーパービジョンの複層性　52
スーパービジョン振り返りシート　157
スーパービジョンのメリット　43
スーパービジョンの役割　42
スーパービジョンを文化として醸成　52
ステークホルダー　42
ストレングス　154
成長促進機能　41
セルフ SV　45
センター方式　19
側面からの支持者　48
組織マネジメント　166

【た行】
対人援助職の重層的なストレス　37
タクティールケア　19
多面性　52
多様性　42
チーム SV　45
チームワーク　113
中間段階　49
デリバリースーパービジョン　90

【な行】
認知症介護指導者　65,144
認知症介護指導者養成研修　144
認知症ケアスーパービジョン　81
認知症ケアに関する専門的な知識　65
認知症ケアの質向上　65
認知症ケアの評価　74
認知症ケアマッピング　19

認知症ケアを行う専門職の養成　81
能動的な促進者　48

【は行】
パーソン・センタード・ケア　19
バーンアウト　195
媒介機能　41
パラレルな関係　46
バリデーション　19
ピア SV　45
ひもときシート　19
評価モデル　105
フォーカスグループインタビュー　97
複層性　42,155
複層的スーパービジョン　143,147

【ま行】
マルチディシプリナリー・モデル　113
マンソン（Munson,2002）　35,38
メリット・デメリット　42
モチベーションの向上　180
モリソンとワナコット　38

【や行】
4×4×4 モデル　39

【ら行】
ライブ SV　45,145
リスクマネジメント　136
リーダー層　81
リーダー的立場　65
リーダー的な役割　65
リフレクティブプラクティス　3
倫理の重要性　46
レジリエンス　161
ロールプレイ　173

【編者紹介】

野村豊子
岩手県立大学社会福祉学部教授，東洋大学ライフデザイン学部教授，日本福祉大学社会福祉学部教授等を経て，現在日本福祉大学大学院客員教授．著書は，一般社団法人日本社会福祉教育学校連盟監修（2015）『ソーシャルワーク・スーパービジョン論』中央法規出版，単著（2015）『高齢者とのコミュニケーション－利用者とのかかわりを自らの力に変えていく』中央法規出版，監訳（2016）「ライフレヴュー入門-治療的な聴き手となるために」ミネルヴァ書房など多数．

汲田千賀子
愛知淑徳大学医療福祉学部助教，認知症介護研究・研修大府センター研究員を経て，現在は同朋大学社会福祉学部専任講師．主な著書には，単著（2016）『認知症ケアのデリバリースーパービジョン』中央法規出版，野口典子編著（2013）『デンマークの選択・日本への視座』など．

照井孫久
特別養護老人ホーム大谷荘主任生活相談員．特別養護老人ホームさくら爽施設長．東北公益文化大学公益学部准教授を経て教授，現在は石巻専修大学人間学部教授．主に，ケア実践の評価に関連する研究に取り組んでいる．著書には内出幸美・照井孫久編（2013）『暮らしを創る認知症ケアの新しい視点』など．

高齢者ケアにおけるスーパービジョン実践

2019 年 9 月 10 日　第 1 版　第 1 刷
2022 年 9 月 20 日　第 1 版　第 2 刷

定　価　（本体 2,500 円＋税）
編　著　野村豊子・汲田千賀子・照井孫久

発行者　吉岡　正行
発行所　株式会社　ワールドプランニング
　　　　〒162-0825 東京都新宿区神楽坂 4-1-1
　　　　Tel ：03-5206-7431
　　　　Fax：03-5206-7757
　　　　E-mail：world @ med. email. ne. jp
　　　　http ://www.worldpl.com
　　　　振替口座　00150－7－535934
印　刷　株式会社 三報社印刷株式会社

© 2019, Chikako Kumita
ISBN978-4-86351-152-1　C3036